Sérgio Simka (Coordenação)
Esdras da Silva Costa

Escrever artigo científico
NÃO É UM BICHO-DE-SETE-CABEÇAS

Sérgio Simka (Coordenação)
Esdras da Silva Costa

Escrever artigo científico
NÃO É UM BICHO-DE-SETE-CABEÇAS

EDITORA
CIÊNCIA MODERNA

Editor: Paulo André P. Marques
Produção Editorial: Dilene Sandes Pessanha
Capa: Daniel Jara
Diagramação: Daniel Jara
Copidesque: Equipe Ciência Moderna

FICHA CATALOGRÁFICA

SIMKA, Sérgio (Coordenação); SILVA, Esdras da.

Escrever Artigo Científico não é um Bicho-de-sete-cabeças

Rio de Janeiro: Editora Ciência Moderna Ltda., 2018.

1. Pesquisa Científica
I — Título

ISBN: 978-85-399-0991-9 CDD 001.42

Editora Ciência Moderna Ltda.
R. Alice Figueiredo, 46 – Riachuelo
Rio de Janeiro, RJ – Brasil CEP: 20.950-150
Tel: (21) 2201-6662/ Fax: (21) 2201-6896
E-MAIL: LCM@LCM.COM.BR
WWW.LCM.COM.BR

08/18

Agradecimentos

Primeiramente ao Grande Arquiteto do Universo.

A minha esposa Aline cuja compreensão e incentivo se tornaram fatores de extrema importância para a consolidação deste trabalho.

Aos meus colegas acadêmicos com suas valiosas sugestões e recomendações, dessa forma possibilitando o enriquecimento do presente estudo.

Aos meus alunos, atores insubstituíveis e fonte permanente de incentivo à pesquisa.

Por fim, a todos que de alguma forma direta e indireta contribuíram para a conclusão deste trabalho.

Obrigado pela oportunidade de estar sempre aprendendo.

Autorização

O presente livro foi elaborado tendo como base o artigo **"Os efeitos da competitividade em modelos de *clusters* comerciais: pesquisa exploratória acerca do *cluster* de essências localizado no bairro da Sé – São Paulo"** dos respectivos autores Esdras da Silva Costa, Rogério Sarkis da Costa e Milton Carlos Farina. O artigo foi originalmente apresentado no **XVIII SemeAd – 2015** (Seminários de Administração), evento promovido pela Faculdade de Economia, Administração e Contabilidade da Universidade de São Paulo – FEA/USP.

Após as contribuições advindas do XVIII SemeAd o texto original passou por ajustes, sendo posteriormente publicado no periódico internacional **Revista Espacios – Revista Arbitrada de Gestão Tecnológica** no ano de 2016 sob o título "Business clusters: exploratory research about the cluster of essences located in São Paulo and your local competitive advantage".

Os autores do artigo autorizam sua reprodução parcial e total, assim, acreditam que o presente texto possa servir de base didática para que os leitores possam dar início ao processo de construção de seus próprios artigos científicos. O artigo exposto no livro poderá proporcionar uma boa compreensão sobre as etapas de elaboração de um artigo científico, dessa forma, contribuindo academicamente com o processo de geração e propagação do conhecimento.

Boa leitura.

Lista de siglas e abreviaturas

ABNT – Associação Brasileira de Normas Técnicas
GO – Goiás
AGAD – Associação Goiana de Administração
CCSA – Centro de Ciências Sociais e Aplicadas
CLAV – Congresso Latino-Americano de Varejo
CONAD – Congresso Nacional de Administração
ENANPAD – Encontro da Associação Nacional de Pós-Graduação e Pesquisa em Administração
ENGEMA – Encontro Internacional Sobre Gestão e Meio Ambiente
FEA/USP – Faculdade de Economia, Administração e Contabilidade da Universidade de São Paulo
FEI – Fundação Educacional Inaciana "Padre Sabóia de Medeiros"
FGV/EAESP – Fundação Getúlio Vargas - Escola de Administração de Empresas de São Paulo
FMABC – Faculdade de Medicina do ABC
FSA – Fundação Santo André
GEREI – Grupo de Estudos em Redes, Estratégia e Inovação
G&R – Gestão & Regionalidade
IBGE – Instituto Brasileiro de Geografia e Estatística
IES – Instituição de Ensino Superior
IMES – Instituto Municipal de Ensino Superior
IPCA – Índice de Preços ao Consumidor Amplo
ONG – Organização não Governamental
PUCPR – Pontifícia Universidade Católica do Paraná
RAE – Revista de Administração de Empresas
RAP – Revista de Administração Pública
RAUSP – Revista de Administração da USP

REGE – Revista de Gestão
SemeAd – Seminários em Administração
SINGEP – Simpósio Internacional de Gestão de Projetos, Inovação e Sustentabilidade
SPGABC – Simpósio de Pesquisas do Grande ABC
UFABC – Universidade Federal do ABC
UFLA – **Universidade Federal de Lavras**
UMESP – Universidade Metodista de São Paulo
UNINOVE – Universidade Nove de Julho
UNIP – Universidade Paulista
USCS – Universidade Municipal de São Caetano do Sul

Introdução

A proposta deste livro surge com o intuito de auxiliar os estudantes dos cursos de graduação e pós-graduação (*lato sensu*) para elaborarem seus próprios artigos. O livro descreve sob uma linguagem clara as etapas necessárias para a construção de um artigo científico, dessa forma, proporciona uma aprendizagem didática para os alunos quanto às fases de elaboração de seus respectivos artigos.

Não se trata de um texto técnico, mas sim de um texto capaz de ser compreendido por pessoas que nunca tiveram contato com o processo de elaboração de um artigo científico.

Tendo como base os artigos já publicados pelo autor em periódicos, congressos, seminários e simpósios, o livro apresentará uma breve descrição sobre as etapas de elaboração de um artigo, sendo posteriormente exemplificadas com trechos de um artigo para facilitar o entendimento do leitor e assim poder lhe fornecer direções e possíveis orientações sobre a escrita de seus próprios artigos científicos.

O livro tenta de forma simples inserir alunos de diversas graduações e modelos de pós-graduações (*lato sensu*) no contexto da escrita científica, fornecendo-lhes auxílio durante o processo de construção de seus próprios artigos científicos. Porém, antes de se inserir nesse processo, o aluno deve ter em mente que a escrita do seu trabalho vai depender unicamente de sua dedicação e esforço pessoal, cabendo também o respaldo de um professor orientador para lhe fornecer suporte e lhe mostrar o caminho a ser percorrido durante seu trajeto. Dessa forma, Gil (2010, p.2) descreve que "o êxito de uma pesquisa depende fundamentalmente de certas qualidades intelectuais do pesquisador", sendo essas qualidades apresentas sob a seguinte descrição:

a) Conhecimento do assunto a ser pesquisado;
b) Curiosidade;
c) Criatividade;
d) Integridade intelectual;
e) Atitude autocorretiva;
f) Sensibilidade social;
g) Imaginação disciplinada;
h) Perseverança e paciência; e
i) Confiança na experiência.

Tais habilidades serão de grande valia durante o processo de construção de seu artigo. Porém também cabe ao aluno dispor de tempo para leituras relacionadas ao seu tema, realizar pesquisas sobre artigos já publicados em sua área de interesse, receber *feedback* de seu professor orientador, empenho quanto às possíveis correções no artigo durante o percurso e lembrar que não se trata simplesmente de mais um trabalho, mas sim de uma contribuição científica a qual poderá servir de auxílio para futuros alunos que também passarão pelo mesmo processo.

Sumário

Capítulo 1

Definição do tema e estrutura de um artigo científico

1.1 Tema

Antes de começar a descrever sobre seu artigo é necessário definir o tema. Essa fase costuma ser conflituosa, pois durante o período de graduação e/ou pós-graduação o aluno passa por diversos conteúdos, fazendo com que a escolha se torne uma tarefa árdua. Porém é preciso ter em mente certa familiaridade sobre o tema, que seja um tema conveniente para um futuro processo de pesquisa e escrita.

Dessa forma, se o aluno gosta de ter contato com os demais colegas de classe ou está envolvido em atividades que envolvam gestão de pessoal, este possui certa inclinação para a gestão de pessoas, podendo descrever um artigo sobre esse universo caracterizado como Administração de Recursos Humanos.

Da mesma forma, podem surgir diversas inclinações para inúmeras matérias como exemplo: administração de materiais, planejamento estratégico, finanças, empreendedorismo, inovação, gestão da produção, *marketing*, sustentabilidade, logística etc. Os artigos científicos se inserem em diversas áreas do conhecimento, desse modo, podendo ser escritos de acordo com a inclinação do aluno por tal área, e posteriormente sob a percepção em evidenciar uma boa problemática de estudo. Contudo, o fator problemática será apresentado mais adiante, por ora, trabalharemos apenas com a definição do tema.

Existem alguns critérios importantes a serem observados durante a escolha do tema, sendo eles: a **importância do tema**, a sua **originalidade** e sua **viabilidade** enquanto pesquisa.

- **Importância:**

  O tema deve ser importante no sentido de agregar conhecimento e poder evidenciar um fato de relevância, que necessite da realização de uma pesquisa, ou que justifique a realização de uma pesquisa, seja para maiores esclarecimentos sobre o assunto, ou seja, para apresentar possíveis soluções com os resultados finais da pesquisa.

  Dessa forma, não se justifica realizar uma pesquisa sobre a importância do aumento salarial nos colaboradores como fator de motivação, tendo em vista que o fator motivacional com base no salário é algo momentâneo. Desse modo, o tema não dispõe de muita importância e consequentemente já se saberá dos possíveis resultados encontrados em sua pesquisa, tal fato descaracteriza a importância de tal tema.

  São apreciados temas relevantes como: sustentabilidade empresarial e ambiental, trabalhos que envolvam pesquisas de cunho empresarial, social, e que estejam relacionados com a sua grade curricular, dessa forma, as aulas ministradas pelos docentes se tornam um grande arcabouço para futuros temas de pesquisa com alto grau de importância e originalidade, tópico esse que será apresentado a seguir.

- **Originalidade**:

Os aspectos de originalidade estão relacionados com as possíveis novidades que podem surgir por meio de seu estudo. Algo que possa trazer novidade para o meio acadêmico, algo que possa resultar em novos estudos (futuros artigos) como uma espécie de continuidade do seu trabalho, sendo desenvolvido por você ou por terceiros. Os terceiros podem ser entendidos como futuros alunos que viram em seu tema uma importância enquanto pesquisa e pretendem dar continuidade a fim de buscar novos resultados e futuras contribuições.

O fator originalidade esta relacionado à surpresa, algo que possa surpreender ou que tenha relevância enquanto pesquisa. Como exemplo: No tópico acima se percebeu que o fator ajuste salarial como motivação não seria viável para a realização de uma pesquisa. Porém a gestão de carreira, a formação profissional do colaborador, suas aspirações futuras, o clima organizacional e a qualidade de vida no trabalho são temas que possuem originalidade e que quando bem conduzidos podem proporcionar bons resultados de pesquisas que poderão ser apresentados em empresas como estudos realizados em organizações, ou achados importantes de pesquisas a serem apresentados em congressos e seminários.

- **Viabilidade**:

A viabilidade do tema está relacionada ao embasamento teórico já realizado sobre ele, dessa forma, torna-se crucial o aporte teórico já descrito sobre o assunto. Não temos a pretensão de elaborar uma tese de doutorado, portanto será necessário usar como base textos já descritos sobre o seu tema, o que lhe confere uma viabilidade empírica sobre o assunto.

Outro fator a ser observado sobre a viabilidade de realizar sua pesquisa refere-se às condições e pra3zos para término do seu trabalho, não se pretende iniciar uma pesquisa que levará em média dois anos para concluí-la. Outro aspecto relevante será o local onde a pesquisa será realizada, se haverá autorização, número de participantes adequando, se for o caso de aplicar questionários ou se for preciso realizar entrevistas individuais ou em grupos. E, por fim, os aspectos econômicos, antes de iniciar uma pesquisa é preciso estar atento aos seus custos.

O processo de escolha de um tema assemelha-se à elaboração de um roteiro para iluminação de uma peça teatral. Com criatividade e engenhosidade, é preciso escolher onde se deve jogar a luz, dar o zoom, ou seja: buscar e engendrar uma perspectiva que possibilite dizer algo que ainda não foi dito, ou rever, sob outra visão, nova perspectiva, o que já foi dito sobre o tema (MARTINS; THEÓPHILO, 2009, p. 7).

1.2 Estrutura de um artigo científico

Geralmente um artigo científico está estruturado sob cinco partes:

1. **Introdução;**
2. **Fundamentação teórica;**
3. **Procedimentos metodológicos;**
4. **Análise dos dados; e**
5. **Considerações finais (sendo posteriormente seguidas pelas referências).**

A primeira é composta por sua introdução, responsável por apresentar os elementos textuais importantes para a sua correta interpretação (apresentação do tema, contextualização do tema, justificativa, problemática, objetivo geral, objetivos específicos e metodologia utilizada).

A segunda parte refere-se à fundamentação teórica (início do seu artigo), no processo de fundamentação teórica são apresentadas as teorias já consolidadas que fornecem embasamento para o seu artigo. Na fundamentação teórica são evidenciadas as contribuições dos principais autores relacionados com o seu tema em uma perspectiva de passado e presente. Trata-se de uma espécie de linha do tempo, sendo escrita de forma cronológica. Nessa etapa são apresentados os artigos seminais, ou seja, os trabalhos mais importantes que irão ajudá-lo na construção e condução de sua fundamentação. A fase de fundamentação teórica também fica marcada como uma fase em que o aluno realiza diversas pesquisas e leituras sobre o seu tema, a fim de dominá-lo e compreendê-lo com clareza.

Já a terceira fase fica caracterizada como os procedimentos metodológicos a serem utilizados na condução de sua pesquisa. Nessa fase se tem clareza sobre a abordagem de sua pesquisa: abordagem quantitativa ou abordagem qualitativa. É nessa fase também que se define o tipo de classificação de sua pesquisa, podendo ser classificada como: pesquisas exploratórias, pesquisas descritivas e pesquisas explicativas.

A quarta fase, intitulada de análise dos dados, consiste em descrever como foram elaboradas as análises de seu artigo científico; para a elaboração dessa fase torna-se imprescindível realizar consultas com o seu professor orientador, de forma que a experiência e a habilidade dele irão lhe proporcionar um delineamento claro sobre a melhor forma de realizar as análises de seu artigo.

A quinta fase fica caracterizada pela elaboração das considerações finais, trata-se de apresentar de forma clara e coerente as considerações sobre sua pesquisa. Não se trata de conclusão, até porque não se pretende concluir um assunto científico, e sim contribuir sob forma acadêmica para a continuidade de futuras pesquisas sobre a sua temática.

Por fim, são expostas as referências utilizadas em seu artigo. Geralmente as referências seguem uma ordem alfabética sendo classificadas por sobrenome dos autores utilizados em seu estudo. Para tanto, torna-se necessário estar esclarecido acerca das normas técnicas utilizadas para padrões de publicações de cunho científico, caracterizadas de normas ABNT – Associação Brasileira de Normas Técnicas.

Capítulo 2

A escolha do título e modelo de resumo/ abstract

2.1 Título

Geralmente os primeiros títulos a serem escolhidos são de caráter provisório, sendo aperfeiçoados conforme a escrita do artigo vai avançando. Um fato importante é sempre discutir o título com o seu professor orientador. O conhecimento e a visão do professor orientador lhe darão uma nova percepção sobre o tema escolhido, assim como poderão ajudá-lo a elaborar um título mais coerente com os títulos de artigo acadêmicos já publicados e apresentados em eventos científicos.

Como ressalva, vale a pena realizar pesquisas sobre os demais artigos já publicados acerca do seu tema, trata-se de uma boa fonte de dados para consultar possíveis referências e observar sua estrutura escrita, além de lhe proporcionar um bom *insight* sobre o futuro título de seu artigo.

Como exemplo de título de artigo a ser apresentado, tomamos o artigo:

OS EFEITOS DA COMPETITIVIDADE EM MODELOS DE CLUSTERS COMERCIAIS: PESQUISA EXPLORATÓRIA ACERCA DO CLUSTER DE ESSÊNCIAS LOCALIZADO NO BAIRRO DA SÉ – SÃO PAULO

Geralmente os títulos são descritos em caixa alta, com espaçamento simples, fonte times 12, negrito, e apresentados sob forma centralizada e/ou justificada, seguidos posteriormente de seu respectivo título em uma segunda língua, geralmente o idioma inglês, como língua adotada de forma universal.

THE EFFECTS OF COMPETITION IN BUSINESS CLUSTERS MODELS: EXPLORATORY RESEARCH ABOUT THE CLUSTER OF ESSENCES LOCATED IN THE NEIGHBORHOOD OF SÉ – SÃO PAULO CITY

2.2 Resumo/abstract

Para elaborar um bom resumo, alguns aspectos-chave devem ser enfatizados. Porém deve-se ter em mente que esta parte será uma das últimas preocupações de seu trabalho. Não se inicia a construção de um artigo científico pelo seu resumo, o resumo será a última parte a ser construída pelo autor.

Já que sabemos que o resumo será feito por último, vamos compreender o porquê de realizá-lo somente após o término do artigo. Geralmente um bom resumo não possui mais do que 500 palavras, trata-se de uma quantidade aceitável de informações referentes ao seu artigo científico. Sua estrutura é composta por apresentar os **objetivos** do artigo, a **metodologia** que foi utilizada, ou os procedimentos metodológicos que foram utilizados para a realização da pesquisa, e, por fim, alguns **breves resultados**, no intuito de despertar e transmitir informações importantes aos futuros leitores.

Para facilitar a compreensão, o livro apresentará uma breve descrição no formato de tópicos sobre os aspectos-chave de um resumo: objetivos, metodologia e resultados, seguidos respectivamente de um exemplo prático com um resumo de artigo já publicado a fim de facilitar e transmitir a essência da ideia para os leitores. Para exemplificar os tópicos objetivo, metodologia e resultados, será apresentado o resumo do artigo: **Os efeitos da competitividade em modelos de clusters comerciais: pesquisa exploratória acerca do cluster de essências localizado no bairro da Sé – São Paulo** descrito por Farina, Costa e Costa (2015), artigo este apresentado e publicado no **XVIII Seminários em Administração – SemeAd**, evento realizado pela Faculdade de Economia, Administração e Contabilidade da Universidade de São Paulo.

- **Objetivo**:

Trata-se de apresentar o objetivo, ou os objetivos de seu trabalho científico, ressaltando que um trabalho de cunho científico pode ter como meta objetivo geral e objetivos secundários. Geralmente o objetivo é apresentado em um breve parágrafo responsável por descrever a essência de seu estudo, sobre o que você pretende fazer, pesquisar, e uma breve introdução sobre o seu tema.

Exemplo de objetivo em um resumo:

O presente trabalho teve por **objetivo geral identificar as principais características de um modelo de *cluster* comercial (essências) localizado no bairro da Sé, região central de São Paulo**. Seu **objetivo secundário descreve acerca da competitividade percebida entre os atores do *cluster* no atual modelo de aglomeração com seu propósito final voltado para o contexto comercial, propondo aplicar as métricas criadas por Zaccarelli *et al.* (2008)**, envolvendo aspectos de competitividade entre as empresas localizadas no *cluster* e suas vantagens obtidas mediante o efeito da aglomeração. A pesquisa também se justifica por uma ausência de análise de concentrações geográficas de atividades varejistas comerciais, sendo exploradas em sua grande maioria por aglomerações industriais com alto poder de impacto sobre seu território.

Nota-se que nesse caso também foi exposta a **justificativa** do trabalho, o que nem sempre é exigida, mas para o exemplo acima se tornou necessária para amarrar o tema da pesquisa aos objetivos. Contudo, o termo justificativa será apresentado de forma detalhada no próximo capítulo denominado de introdução.

- **Metodologia**:

A metodologia ou os procedimentos metodológicos significam como seu artigo se propôs a realizar um estudo metodologicamente, quais foram os procedimentos metodológicos utilizados durante seu estudo. Existem duas abordagens de extrema importância a serem evidenciadas durante o processo de construção de qualquer trabalho científico, classificadas como **abordagem quantitativa** e **abordagem qualitativa** (tais abordagens serão explicadas de forma detalhada no capítulo 5 denominado procedimentos metodológicos). De acordo com Gil (2010) as pesquisas estão expostas sob três classificações, podendo ser realizadas segundo seus objetivos mais generalizados. Dessa forma, as pesquisas, independentemente de seus objetivos, podem ser classificadas como: pesquisas exploratórias, pesquisas descritivas e, por fim, pesquisas explicativas. Porém, no momento, será apenas evidenciada a forma como a metodologia foi descrita no resumo, tendo em vista que posteriormente o termo metodologia será detalhado no capítulo 5 (procedimentos metodológicos).

Exemplo de metodologia em um resumo:

A **metodologia utilizada para a pesquisa parte de um estudo qualitativo exploratório**, discorrendo acerca das características do fenômeno estudado e de seu universo amostral, **constituído por 21 comerciantes do segmento de essências** concentrados na **região central da cidade de São Paulo**.

Destaque para os termos, já evidenciados anteriormente e importantes na elaboração dos procedimentos metodológicos utilizados na elaboração do resumo: **estudo qualitativo exploratório**. É importante também apresentar os envolvidos na sua pesquisa, sua amostra, seu público-alvo, nesse caso foi realizada uma pesquisa com **21 comerciantes do segmento de essências para perfumes**. Outro fator importante pode ser caracterizado em evidenciar o local onde foi realizada a pesquisa, nesse exemplo, a pesquisa foi realizada na **região central da cidade de São Paulo**.

- **Breve descrição dos resultados:**

Como parte final de um resumo, o texto deve conter alguns resultados de sua pesquisa, alguns achados importantes. Dessa forma, o texto pode apresentar para o leitor alguns dados obtidos mediante a realização da pesquisa. Assim, o autor do artigo pode despertar o interesse de quem faz a leitura, além de ser o cartão de visita de seu artigo, acompanhado do seu respectivo título.

Exemplo de breve resultado em um resumo:

Os **resultados observados** estão de acordo com o paradigma de que **estar localizado em um modelo de *cluster* pode tra-**

> **zer vantagens competitivas para os atores locais**, e que **tal aglomeração pode ser interpretada como aspecto positivo**, quando defrontado com modelos similares de comércios em condições locacionais isoladas.

Nesse caso, fica evidente como resultados da pesquisa que **"estar localizado em um modelo de *cluster* pode trazer vantagens competitivas para os atores locais"** e que **"tal aglomeração pode ser interpretada como aspecto positivo, quando defrontado com modelos similares de comércios em condições locacionais isoladas"**. Esses dados expostos sob o formato de breves resultados podem despertar interesse nos leitores e consequentemente incitá-los à leitura do artigo.

- **Palavras-chave:**

  Por fim, ao término do seu resumo será preciso elencar algumas palavras-chave. As palavras-chave irão proporcionar certa evidência quanto a sua pesquisa, por meio delas será possível realizar consultas futuras em bases de dados na hora de realizar pesquisas sobre o tema. Geralmente as palavras-chave costumam ser apresentadas em um número mínimo de três palavras, e no máximo cinco. Esse número de palavras-chave costuma ser limitado pelas revistas científicas, adotando o modelo descrito abaixo como exemplo.

  Para o resumo do referido artigo, foram elaboradas as seguintes palavras-chave:

  Exemplo de palavras-chave em artigos:

Palavras-chave: *Cluster* Comercial; Competitividade, Vantagem Competitiva Local.

Segue o modelo de resumo completo e suas respectivas palavras-chave adotadas no presente artigo para fácil compreensão do que foi apresentado durante a leitura.

Exemplo de resumo do artigo utilizado como base:

RESUMO

O presente trabalho teve por objetivo geral identificar as principais características de um modelo de *cluster* comercial (essências) localizado no bairro da Sé, região central de São Paulo. Seu objetivo secundário descreve acerca da competitividade percebida entre os atores do *cluster* no atual modelo de aglomeração com seu propósito final voltado para o contexto comercial, propondo aplicar as métricas criadas por Zaccarelli *et al.* (2008), envolvendo aspectos de competitividade entre as empresas localizadas no *cluster* e suas vantagens obtidas mediante o efeito da aglomeração. A pesquisa também se justifica por uma ausência de análise de concentrações geográficas de atividades varejistas comerciais, sendo exploradas em sua grande maioria por aglomerações industriais com alto poder de impacto sobre seu território. A metodologia utilizada para a pesquisa parte de um estudo qualitativo exploratório, discorrendo acerca das características do fenômeno estudado e de seu universo amostral, constituído por 21 comerciantes do segmento de essências concentrados na região central da cidade de São Paulo. Os resultados observados estão de acordo com o paradigma de que estar localizado em um modelo de *cluster* pode trazer vantagens competitivas para os atores locais, e que tal aglomeração pode ser interpretada como aspecto positivo, quando defrontado com modelos similares de comércios em condições locacionais isoladas.

Palavras-chave: *Cluster* Comercial; Competitividade, Vantagem Competitiva Local.

Nota-se que no resumo não há espaço para destacar o parágrafo inicial; trata-se de um texto corrido, descrito inclusive como se fosse um parágrafo único. Porém, ao realizar a leitura, perceberá que o texto encontra-se subdividido entre as partes descritas acima (apresentação, procedimentos metodológicos e principais resultados). O texto também possui espaçamento simples entre as linhas, respeitando as normas da Associação Brasileira de Normas Técnicas – ABNT.

Por fim, o resumo também será apresentado no formato de uma segunda língua, preferencialmente o idioma inglês. Tal fato se justifica por ser um idioma de caráter universal, e que também proporcionará a consulta de seu artigo em bases de dados internacionais. A seguir é apresentado o resumo completo, porém no formato de *abstract* (resumo em inglês) para fácil compreensão do leitor, assim como seu modelo de *keywords* (palavras-chave).

Exemplo de abstract do artigo utilizado como base:

ABSTRACT

This work had the general objective of identify the key features of a commercial cluster model (essences) located in the neighborhood of Sé in São Paulo city. Its secondary objective describes about the perceived competitiveness between the cluster actors in the current model of agglomeration with its ultimate purpose facing the commercial context, proposing to apply the metrics created by Zaccarelli et al. (2008), involving aspects of competitiveness among companies located in the cluster and its advantages obtained by the effect of agglomeration. The research is also justified by a lack of analysis of geographical concentrations of commercial retail activities, being exploited mostly by industrial clusters with high power impact on its territory. The methodology used for the research is an exploratory qualitative study, describing about the characteristics of the studied phenomenon and of its universe composed by 21 traders of the essence segment concentrated in the central region of São Paulo city. The observed results are in agreement paradigm that being located in a cluster model can bring competitive advantages for local actors, and that such agglomeration can be interpreted as positive when faced with similar models of trades in isolated locational condition.

Keywords: Business Cluster; Competitiveness; Local Competitive Advantage.

A seguir será apresentado o capítulo 3 seguido do modelo de introdução e suas respectivas características textuais.

Capítulo 3

Introdução

3.1 Etapas de uma introdução

Assim como descrito no capítulo anterior (Resumo/abstract) também não iniciaremos a construção de um artigo científico pela sua **introdução**, a introdução também será uma das últimas partes a ser descritas pelo autor. Para descrever uma boa introdução, alguns fatores são considerados essenciais durante o processo de escrita, levando em conta os conhecimentos já adquiridos pelo autor durante a fase de fundamentação teórica (capítulo a ser apresentado posteriormente).

Alguns princípios básicos devem ser respeitados durante um processo de elaboração de uma introdução, sendo descritos como: apresentação do tema, contextualização, justificativa, objetivo geral e objetivos específicos (quando houver a necessidade), problemática e procedimentos metodológicos utilizados na condução de seu estudo.

Para exemplificar os princípios básicos descritos acima, será tomado como exemplo de introdução o mesmo artigo utilizado para exemplificar o resumo, dessa forma, pretendendo familiarizar o leitor e não confundi-lo com diferentes modelos de introduções de diversos artigos.

- **Apresentação do tema:**

  A apresentação do seu tema diz respeito a um breve parágrafo inicial, nele podem ser apresentadas mudanças ocorridas ao longo dos anos, configurações atuais, surgimento de novas práticas relacionadas ao seu tema etc. Trata-se de um parágrafo capaz de se relacionar com o tópico seguinte (a contextualização). Mesmo se tratando de uma introdução são apreciadas introduções que remetem a uma linha de pensamento de outros autores. Esse fato lhe dará uma maior credibilidade ao seu artigo científico, assim como segue no modelo apresentado a seguir.

Exemplo de apresentação em uma introdução:

As alterações ocorridas no decorrer do século XX, perceptíveis frente às mudanças com aspectos globais, **estão relacionadas com a introdução de novos formatos e práticas comerciais**, assim como, à reconfiguração dos formatos produtivos (ligados a uma reestruturação produtiva) **e introdução permanente de novas tecnologias. (BRUSCO *et al.*, 1996; SABÓIA, 2001)**.

- **Contextualização**:

A contextualização do seu artigo científico refere-se a "apresentar o contexto", para tentar ser mais objetivo, a contextualização deve explicar a situação e revelar as circunstâncias do seu estudo.

Tomamos como exemplo o tema **sustentabilidade**. Dessa forma, é importante destacar que a partir do tema sustentabilidade podem surgir diversos artigos científicos, porém é importante deixar claro em qual área a sustentabilidade será abordada. Ainda com o mesmo exemplo podem surgir artigos científicos abordando o tema sustentabilidade em um âmbito empresarial (sustentabilidade nas empresas), sustentabilidade no meio social (ações de sustentabilidade partindo de pessoas ou de grupos, ONGs etc.), sustentabilidade no meio governamental (por meio de marco legal). A ideia consiste em tentar resumir de forma clara e objetiva em qual área o seu estudo científico abordará o tema proposto.

Dessa forma, a contextualização deve ser elaborada fazendo uma espécie de *link* entre o passado e o presente. Na contextualização são apresentadas as primeiras percepções abordadas sobre o seu tema, sendo posteriormente descrita como uma espécie de linha do tempo. Os parágrafos de uma contextualização costumam ser maiores e mais difíceis de elaborar devido a sua complexidade em tentar descrever como foi o surgimento do seu tema (em uma perspectiva de passado) e como está o seu tema no presente (contemporâneo).

Exemplo de contextualização em uma introdução:

Os estudos relacionados à teoria dos *clusters* surgem sob forma **incipiente nas contribuições teóricas de Marshall (1982)**. E nesta perspectiva, denominados de distritos industriais, ou distritos *Marshalianos*, ainda visualizados como estudos prematuros, porém, com forte influência caracterizando o princípio de vantagem locacional (posicionamento geográfico das empresas).

Posteriormente, Porter (1989; 1998) e Schmitz (1992) contribuem com novas abordagens teóricas enfatizando a obtenção de vantagens competitivas para empresas localizadas em formato de *cluster*, as quais obtêm melhores resultados e diferenciais competitivos frente aos seus principais concorrentes. **Em uma concepção contemporânea, Zaccarelli *et al.* (2008) destacam a importância da denominação *clusters* comerciais, sob uma ótica nacional,**

contribuindo, assim, com o surgimento de diversos estudos relacionados à importância de **aglomerações comerciais e suas vantagens competitivas** sobre atores em localizações isoladas.

- **Problemática e justificativa:**

A problemática consiste em apresentar ao leitor o seu problema de pesquisa, a sua questão central, o que posteriormente poderá ser justificado pelo autor. A justificativa para a sua pesquisa consiste simplesmente em descrever de forma objetiva o porquê de sua pesquisa, apresentando a relevância de sua pesquisa para a comunidade científica. Na justificativa são apresentados os motivos que justifiquem a realização da sua pesquisa.

Lembrando que um artigo científico deve dispor de três critérios-chave: importância, originalidade e viabilidade. Nota-se que, nesse modelo de introdução a ser apresentado como exemplo, os tópicos problemática e justificativa encontram-se amarrados em um mesmo parágrafo.

Exemplo de problemática e justificativa em uma introdução:

O surgimento dos *clusters* de acordo com Donaire *et al.* (2013) pode ser compreendido como aglomerações que surgem de um comportamento espontâneo, criados sob forma natural, desse modo, os lojistas vão se inserindo na localidade espontaneamente, atraídos pela forte presença de consumidores na região. Os *clusters* também são criados sob forma planejada, movidos por interesses econômicos a exemplo de grandes *shopping centers*, os quais são criados com a intenção de concentrar um alto volume de lojistas no mesmo local, e com isso conseguir atração de clientes. **Os estudos sobre *clusters* comerciais ainda possuem certa prematuridade** no campo da administração, **sendo justificada** a sua exploração e contextualização, **buscando possíveis contribuições frente às teorias existentes** por meio da consolidação de pesquisas e avanços teóricos acerca das teorias sobre *clusters*.

- **Objetivo geral:**

Esta etapa consiste em descrever o objetivo de sua pesquisa. Alguns artigos possuem objetivo geral e posteriormente objetivos específicos, também denominados de objetivos secundários. Trata-se de uma forma simples de descrever e apresentar para o leitor o objetivo de sua pesquisa.

Exemplo de objetivo geral e objetivo específico/objetivo secundário em uma introdução:

O **objetivo central do trabalho é identificar a existência de um modelo de *cluster* comercial** (essências) localizado no bairro da Sé – região central de São Paulo. Segue **como objetivo secundário avaliar a sua competitividade (vantagem competitiva)** percebida entre os atores (comerciantes) inscridos no local.

- **Procedimentos metodológicos:**

    Esta etapa é responsável por descrever uma breve apresentação sobre os procedimentos metodológicos utilizados para a resolução do seu artigo científico. Aqui reforço a ideia de que os procedimentos metodológicos serão abordados de forma detalhada no capítulo 5. Por ora será apenas apresentado um breve parágrafo de como os procedimentos metodológicos podem ser inseridos no processo de desenvolvimento de uma introdução.

Exemplo de procedimentos metodológicos em uma introdução:

A **pesquisa é de caráter qualitativo exploratório, discorrendo acerca da formação de *clusters* comerciais por meio do uso das métricas desenvolvidas por Zaccarelli *et al.* (2008)**. Entre as teorias elencadas no atual campo de estudo deve-se destacar as contribuições de Marshal (1982), Schmitz (1992), Porter (1998), Zaccarelli *et al.* (2008), Siqueira *et al.* (2010) e Donaire *et al.* (2013).

Por fim, foi acrescentada uma estrutura para mera apresentação do artigo ao seu leitor. Porém vale ressaltar que esta parte não se configura como obrigatória. Sua inserção irá depender do estilo de seu orientador, a quem você discutirá sobre a viabilidade de inseri-la ou não.

- **Exemplo:**

A estrutura desta pesquisa está dividida em **cinco seções**, incluindo-se a sua introdução como seção primeira, referencial teórico frente ao tema abordado **como seção segunda**, metodologia de pesquisa, **seção terceira**, avaliação das métricas propostas por Zaccarelli *et al.* (2008) e suas análises para efeito de pesquisa como **seção quarta** e por fim suas considerações finais classificadas como **quinta seção.**

Introdução do presente artigo utilizado como base para a construção do livro:

A fim de facilitar a compreensão sobre os tópicos acima descritos, segue como última parte deste capítulo 3 a introdução na íntegra (sem cortes) para fácil visualização do conteúdo apresentado.

INTRODUÇÃO

As alterações ocorridas no decorrer do século XX, perceptíveis frente às mudanças com aspectos globais, estão relacionadas com a introdução de novos formatos e práticas comerciais, assim como, à reconfiguração dos formatos produtivos (ligados a uma reestruturação produtiva) e introdução permanente de novas tecnologias (BRUSCO *et al.*, 1996; SABÓIA, 2001).

Os estudos relacionados à teoria dos *clusters* surgem sob forma incipiente nas contribuições teóricas de Marshall (1982). E nesta perspectiva, denominados de distritos industriais, ou distritos *Marshalianos*, ainda visualizados como estudos prematuros, porém, com forte influência caracterizando o princípio de vantagem locacional (posicionamento geográfico das empresas).

Posteriormente, Porter (1989; 1998) e Schmitz (1992) contribuem com novas abordagens teóricas enfatizando a obtenção de vantagens competitivas para empresas localizadas em formato de *cluster*, as quais obtêm melhores resultados e diferenciais competitivos frente aos seus principais concorrentes. Em uma concepção contemporânea, Zaccarelli *et al.* (2008) destacam a importância da denominação *clusters* comerciais, sob uma ótica nacional, contribuindo, assim, com o surgimento de diversos estudos relacionados à importância de aglomerações comerciais e suas vantagens competitivas sobre atores em localizações isoladas.

O surgimento dos *clusters* de acordo com Donaire *et al.* (2013) pode ser compreendido como aglomerações que surgem de um comportamento espontâneo, criados sob forma natural, desse modo, os lojistas vão se inserindo na localidade espontaneamente, atraídos pela forte presença de consumidores na região. Os *clusters* também são criados sob forma planejada, movidos por interesses econômicos a exemplo de grandes *shopping centers*, os quais são criados com a intenção de concentrar um alto volume de lojistas no mesmo local, e com isso conseguir atração de clientes. Os estudos sobre *clusters* comerciais ainda possuem certa prematuridade no campo da administração, sendo justificada a sua exploração e contextualização, buscando possíveis contribuições frente às teorias existentes por meio da consolidação de pesquisas e avanços teóricos acerca das teorias sobre *clusters*.

O objetivo central do trabalho é identificar a existência de um modelo de *cluster* comercial (essências) localizado no bairro da Sé – região central de São Paulo. Segue como objetivo secundário avaliar a sua competitividade (vantagem competitiva) percebida entre os atores (comerciantes) inseridos no local. A pesquisa é de caráter qualitativo exploratório, discorrendo acerca da formação de *clusters* comerciais por meio do uso das métricas desenvolvidas por Zaccarelli *et al.* (2008). Entre as teorias elencadas no atual campo de estudo deve-se destacar as contribuições de Marshal (1982), Schmitz (1992), Porter (1998), Zaccarelli *et al.* (2008), Siqueira *et al.* (2010) e Donaire *et al.* (2013).

A estrutura desta pesquisa está dividida em cinco seções, incluindo-se a sua introdução como seção primeira, referencial teórico frente ao tema abordado como seção segunda, metodologia de pesquisa, seção terceira, avaliação das métricas propostas por Zaccarelli *et al.* (2008) e suas análises para efeito de pesquisa como seção quarta e por fim suas considerações finais classificadas como quinta seção.

A seguir será apresentada a fundamentação teórica de um artigo científico e suas respectivas características.

Capítulo 4

Fundamentação teórica

4.1 Processo de elaboração da fundamentação teórica

É no processo de fundamentação teórica que você começa de fato a escrever seu artigo científico. Durante o processo de fundamentação teórica, o aluno irá deparar-se com inúmeras pesquisas e artigos já publicados sobre o seu tema. Torna-se necessário então realizar o máximo de pesquisa possível acerca de seu tema/assunto de pesquisa. Pois só com base em muita pesquisa e posteriormente muita leitura, que se adquirirá um bom embasamento teórico sobre o seu tema.

Nessa etapa, e por sinal a primeira (o início do seu artigo científico) é necessário construir um diálogo entre os diversos autores pesquisados. Como uma espécie de processo de amarração sendo realizado entre textos dos quais você realizou as leituras.

Parece difícil compreender, porém, é preciso buscar a ideia dos autores, e o seu entendimento como escritor. É necessário captar a essência do que o(s) autor(es) descreveu (descreveram) e posteriormente começar a elaborar o seu próprio entendimento, tendo como base os textos já lidos. Caracterizo essa fase como esforço intelectual a ser exercido pelo aluno escritor do artigo.

Antes de tentar esgotar a compreensão dos leitores, serão apresentados alguns trechos de fundamentações teóricas descritas em artigos já publicados como forma de auxílio e entendimento da presente leitura.

Geralmente, é apresentada uma breve descrição dos conceitos que serão abordados no processo de fundamentação, como uma espécie de explicação prévia do conteúdo a ser abordado pelos autores, a seguir segue modelo para fácil compreensão.

Exemplo de referencial teórico extraído do artigo utilizado como base:

2. REFERENCIAL TEÓRICO

O referencial teórico elencado aborda **os conceitos de *clusters* e *clusters* comerciais**, com ênfase para **a evolução do conceito ao longo dos anos**, assim como, **dispõe de quadros e figuras para visualização e interpretação das informações descritas** sob a ótica da pesquisa.

Nota-se que em um breve parágrafo de apenas três linhas foi descrito o que se pretende abordar no processo de construção teórica do artigo. As etapas apresentadas a seguir correspondem ao processo de continuidade de sua fundamentação teórica, sendo descritas de acordo com a sua temática de pesquisa, como uma espécie de linha do tempo e evolução do conceito sempre relacionado ao seu tema.

No tópico a ser apresentado a seguir, observe a preocupação em tentar descrever brevemente (aqui apresentada de forma resumida) o conceito de *cluster* (aglomerações empresariais). Nota-se que existem diversos autores relacionados ao tema, esse fato proporciona um enriquecimento do artigo, assim como um bom acúmulo de informações adquiridas para o aluno sobre o seu tema.

Torna-se importante tentar expressar a ideia do autor, e não simplesmente fazer a reprodução escrita de seu texto. Em um modelo de artigo científico podem existir citações diretas, porém são apreciadas as percepções do aluno escritor sobre o que foi lido, seu processo mental e intelectual de raciocínio. Nota-se que ao final dos parágrafos e às vezes no meio surgem as referências (ex.: KLINK, 2003), indicando que aquela parte descrita trata-se na realidade de um pensamento reflexivo sobre os textos que foram lidos. Trata-se na verdade de tentar desenvolver um texto tendo como base os autores pesquisados durante a sua pesquisa. Essa etapa se torna uma das mais difíceis no processo de escrita de um artigo científico, porém seu entendimento é crucial para a continuidade de seu trabalho.

Exemplo de fundamentação teórica:

2.1 Clusters

O **termo *cluster*, traduzido para o português brasileiro significa aglomeração, sendo representado originalmente por uma corrente econômica**, destacando as contribuições de Marshall no final do século XIX.

Os **distritos industriais italianos ou, tradicionalmente reconhecidos por distritos *Marshallianos*, destacam os modelos de *clusters* como uma importante pré-condição para o sucesso competitivo das regiões com fortes traços de desenvolvimento** (KLINK, 2003), além de, suas vantagens locacionais oriundas de sua localização territorial, criando atributos positivos para o efeito de aglomeração e princípio de vantagem competitiva (MARSHALL, 1982).

Os *clusters* revelam uma mútua dependência e responsabilidade coletiva de todos os atores envolvidos em um processo de aglomeração, as empresas localizadas em modelos de *cluster* devem criar as suas próprias condições de produção e competição (PORTER, 1998), contudo, os processos de cooperação também devem ser enfatizados como alianças estratégicas desenvolvidas entre empresas.

Essa abordagem teórica envolvendo a inovação e a capacidade para competitividade em *cluster* consiste em um processo de aglomeração territorial, evidenciando relações diretas entre concentração geográfica, terceirização de serviços, fornecedores trabalhando de forma integrada, facilidade para entrada de novas empresas e acesso à informação (SCHIMITZ, 1999).

O território e sua disponibilidade de serviços existentes criam infraestruturas básicas como: força de trabalho qualificada, redes de fornecedores e de clientes, além de eficiência organizacional (LLORESNS, 2001), na concepção do Serviço de Apoio às Micro e Pequenas Empresas de São Paulo – SEBRAE (2002). **Os *clusters* possuem uma forte proximidade geográfica, tendo em comum as mesmas dinâmicas econômicas e/ou sendo correlatas por complementaridade em seus modelos empresariais.**

Aqui foi exposta uma breve apresentação do conceito de *cluster*. Posteriormente como processo de continuidade do artigo, será apresentado o conceito de *cluster* comercial, como uma espécie de continuidade do tema, porém, agora sob uma ótica de comércios, detalhando como o tema evolui ao longo dos anos. Nessa etapa, já começa a ficar em evidência o foco do estudo do respectivo artigo, sendo sempre direcionado pelo tema da pesquisa como foco principal do autor, nesse caso: **Os efeitos da competitividade em modelos de *clusters* comerciais**: pesquisa exploratória acerca do *cluster* de essências localizado no bairro da Sé – São Paulo.

Continuidade do processo de fundamentação teórica:

2.2 Clusters Comerciais

Zaccarelli *et al.* (2008) **descrevem acerca de suas contribuições por meio da elaboração de um modelo para avaliação de *cluster* comerciais**, denominado como modelo de Zaccarelli. As métricas criadas pelo autor enfatizam 11 fundamentos e seus efeitos na competitividade, contendo 9 fundamentos oriundos do próprio modelo de *cluster* e 2 fundamentos originários de um processo de governança orientada para o *cluster* (ação supra- empresa).

Os ***clusters* comerciais consolidam-se como uma realidade contemporânea nos diversos modelos de varejo**. Em sua denominação original, os estudos sobre *clusters* eram exclusivamente destinados para ambientes industriais. Posteriormente **as concentrações de varejo foram percebidas como uma realidade comercial, a qual também possuía um empirismo do qual se necessitava o surgimento de uma corrente teórica (SIQUEIRA *et al.* 2010).** Assim, o surgimento de um *cluster* comercial deve estar ligado a fatores correlacionados, criando atividades complementares para as instituições locais, auferindo vantagens de território e ganhos em escala.

Nessa etapa, o foco do artigo encontra-se em maior evidência. Aqui foi apresentada uma espécie de evolução do conceito de *cluster*, o que pode proporcionar ao leitor certa familiaridade sobre o tema, mesmo sem nunca ter tido contato sobre a temática de estudo. Torna-se importante o autor estar munido com o máximo de informações acerca do seu tema, desse modo, poderá escrever de forma clara e objetiva, proporcionando uma leitura de fácil compreensão para os futuros apreciadores de seu trabalho científico.

Continuidade do processo de fundamentação teórica:

2.3 Vantagem Competitiva

As aglomerações por si só **já criam um ambiente propício para a vantagem competitiva**, com ênfase para o processo de concentração geográfica (MARSHAL, 1982; PORTER, 1980; SCHMITZ, 1992; ZACCARELLI *et al.* 2008). Os fatores determinantes de competitividade incidem diretamente sobre a capacidade de criação e inovação, correlacionados com as contribuições de Schumpeter (1964), quando enfatiza que o processo de desenvolvimento parte de uma situação sem desenvolvimento, posteriormente sendo enfatizado pelas "forças destruidoras de criação", quando uma força criadora destrói processos anteriores, contudo prevalecendo a lógica do desenvolvimento.

Porter (1989) destaca a competitividade como uma característica dos territórios, usando como fundamento seus setores estratégicos, ou setores econômicos locais, quando enfatiza que os territórios criam os pré-requisitos para a competitividade.

Os *clusters* possuem como resultado a formulação de um pensamento estratégico, sendo suas características os processos de otimização dos recursos em um modelo de sistema fechado, ações para vencer componentes isolados, mudanças de acordo as oscilações de mercado, construção de espaços para inovação e políticas direcionadas para evitar um processo de *declustering*, falência do *cluster* (ZACCARELLI *et al.* 2008, p.21-22).

Para Barney e Hesterly (2011) **a vantagem competitiva surge por meio de estratégias empresariais, criando valor econômico superior ao de seus rivais, estimulando esforços para reduções de**

custos com vantagens percebidas frente aos seus clientes. Nesta perspectiva, estar localizado em um modelo de *cluster* já se torna uma vantagem percebida, quando confrontado com seus concorrentes situados em territórios isolados.

Os clusters possuem uma ampla capacidade de desenvolver estratégia e auferir vantagens competitivas próprias, considerando sua localização geográfica e as diversas possibilidades de se estabelecer parcerias frente os atores locais, melhorando o desempenho do aglomerado e sua longevidade territorial (PEREIRA; POLO; SARTURI, 2013).

Aqui foi apresentada uma espécie de desfecho sobre o tema, uma forma de encerrar o processo de fundamentação teórica. Observa-se que foi incluída uma breve fundamentação sobre vantagem competitiva, sendo esta uma das temáticas a serem abordadas pelo artigo científico em construção.

Nessa etapa, fica ainda mais evidente o foco do estudo do respectivo artigo, ressaltando novamente a direção a ser seguida pelo autor, nesse caso: **Os efeitos da competitividade em modelos de *clusters* comerciais**: pesquisa exploratória acerca do *cluster* de essências localizado no bairro da Sé – São Paulo.

Dessa forma, voltar ao tema torna-se uma importante ferramenta para verificar se você não está se afastando dele, ou direcionando sua pesquisa para outros horizontes, o que seria indesejável e lhe proporcionaria um desperdício valioso de tempo.

4.2 Introdução de figuras, tabelas e quadros no processo de fundamentação teórica

Durante o processo de construção de um artigo científico podem ser apresentadas informações no formato de figuras, tabelas e quadros. Porém é preciso que o autor do artigo tenha certa sensibilidade para apresentar os dados de forma coerente. Lembrando que não existe uma quantidade máxima ou mínima de figuras a ser expostas em um artigo científico, vai depender da necessidade do seu estudo e de sua coerência na hora de inseri-las.

O autor pode optar por criar suas figuras, tabelas e quadros (quando julgar necessário e sempre respaldado pela supervisão de seu professor orientador). O autor também pode inserir as figuras, tabelas e quadros tendo como fonte trabalhos já publicados anteriormente, como exemplo: monografias, dissertações de mestrado, teses de doutorado, revistas científicas e livros de cunho acadêmico. Porém será necessário fornecer os créditos aos autores titulares dos estudos, sempre os referenciando em seu trabalho de artigo científico, do contrário estará sujeito à prática de plágio em seu artigo.

A seguir serão apresentados modelos de figuras, tabelas e quadros, os quais o autor poderá inseri-los em seu artigo, porém respeitando algumas regras básicas para as suas respectivas inclusões.

Modelo de figura utilizada no presente artigo:

As figuras são diferenciadas dos modelos de quadros por não possuírem um fechamento em sua volta. Geralmente as figuras ficam expostas de forma aberta, livre de qualquer contorno. A figura também deve apresentar uma espécie de título localizado na sua parte superior (como segue o exemplo) e sua respectiva fonte, localizada na parte inferior.

É aconselhável desenvolver um breve texto para apresentar e justificar a inclusão da figura no seu artigo. Assim como é aconselhável também desenvolver um breve texto no final da figura para sintetizar e concluir a sua ideia.

Exemplo:

A **figura 1 demonstra o processo de desenvolvimento de um modelo de *cluster* comercia**l e suas etapas para uma plena operacionalização.

Figura 1 – Desenvolvimento de um cluster comercial

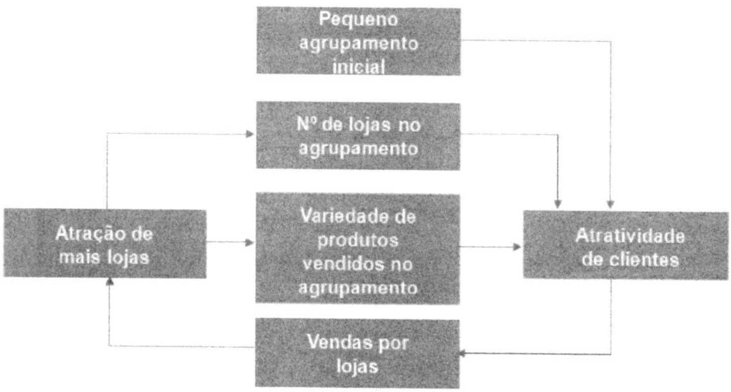

Fonte: ZACCARELLI *et al.* (2008, p. 47)

A **figura 1 retrata o surgimento de um pequeno agrupamento inicial de comércios em determinada região**, estimulando uma atratividade de clientes, o que **consequentemente atrai novos modelos de comércios similares**, assim, originalmente surgindo um *cluster* oriundo de uma formação espontânea, tornando o processo em um ciclo virtuoso com vantagens para seus atores locais.

Modelo de tabela utilizada no presente artigo:

Diferentemente do modelo de figura, as tabelas são apresentadas em formato de linhas e colunas, porém sem contornos em sua volta (sendo apresentadas de forma aberta). Um fator importante que deve ser ressaltado é que, quando se pretende desenvolver uma tabela, é necessário compreender que sua essência são os números, ou seja, uma tabela é desenvolvida para apresentar informações numéricas.

Assim como no modelo de figura, a tabela também deve apresentar uma espécie de título localizado na sua parte superior (como segue o exemplo) e sua respectiva fonte, localizada na parte inferior. Também é aconselhável desenvolver um breve texto para apresentar e justificar a inclusão da tabela em seu artigo científico, sendo acompanhada por um breve texto no final da figura para sintetizar e concluir a sua ideia.

No exemplo a seguir não foi elaborada uma breve introdução, como segue. Contudo, foi adicionada a sua relevância, sendo descrita no final da tabela.

Exemplo:

Tabela 1 – Abrangência de negócios viáveis e relevantes

Atividades comerciais	Número de empresas	%
Essências	7	20,00
Essências e embalagens	23	65,72
Embalagens	5	14,28
Total	**Lojas na Região**	**100%**

Fonte: Elaborado pelos autores (2015)

A **tabela 1 apresenta os modelos de comércios existentes na região (atualidade) em formato de porcentagens**, com seu **total de 35 lojas caracterizadas (essências e embalagens)** durante a pesquisa realizada.

Modelo de quadro utilizado no presente artigo:

Inserir quadros também é uma boa forma de apresentar as informações em seu artigo científico. Os quadros nos ajudam a resumir uma ideia, apresentar os pontos relevantes de uma pesquisa, fazer pequenas sínteses, descrever sobre as contribuições teóricas etc. Observa-se que assim como a tabela o quadro também é composto por linhas e colunas, porém suas laterais são fechadas e não abertas como no caso das tabelas.

Outra importante característica é que os quadros são desenvolvidos para apresentarem unicamente informações, diferentemente do caso das tabelas, em que sua organização corresponde ao uso de números. Assim como no modelo de figura e de tabela, o quadro também deve apresentar uma espécie de título localizado na sua parte superior (como segue o exemplo) e sua respectiva fonte, localizada na parte inferior. Também é aconselhável desenvolver um breve texto para apresentar e justificar a inclusão do quadro em seu artigo científico, sendo acompanhado por um breve parágrafo que sintetize sua ideia.

1º exemplo de quadro:

Dentre os modelos apresentados para efeito de pesquisa, **destacam-se as contribuições de Zaccarelli *et al.* (2008)**, com a elaboração de 11 fundamentos e seus efeitos na competitividade, sendo apresentados de acordo com o quadro 2.

Quadro 2 – Efeito dos fundamentos sobre a competitividade

Fundamento	Impacto na competitividade (Efeitos)
1 Concentração geográfica.	Percepção dos clientes de variedade superior, poder de escolha de fornecedor ampliado e maior confiabilidade de preços.
2 Abrangência de negócios viáveis e relevantes.	Custos de busca e acesso menores para cliente; redução da necessidade de estoques elevados ou prazos de reposição (proximidade de fornecedores).
3 Especialização das empresas.	Especialização dos negócios favorece redução de despesas agregadas de operação e diminuição do volume de investimento necessário.
4 Equilíbrio com ausência de posições privilegiadas.	Lucros equilibrados e não relativamente altos, devido à competição entre os negócios.
5 Complementaridade por utilização de subprodutos.	Favorecimento da presença e estabelecimento de novos negócios e aporte de receita adicional.
6 Cooperação entre empresas do *cluster* de negócios.	Aumento da capacidade competitiva do *cluster* de forma integrada, devido à impossibilidade de contenção de troca de informações entre negócios.
7 Substituição seletiva de negócios do *cluster*.	Extinção de negócios com baixa competitividade por fechamento da empresa ou mudança de controle.
8 Uniformidade do nível tecnológico.	Estímulo ao desenvolvimento tecnológico e, em função da proximidade geográfica e lógica, transferência de tecnologia para os demais negócios.
9 Cultura da comunidade adaptada ao *cluster*.	Aumento da motivação e satisfação com o reconhecimento da comunidade em relação ao *status* atribuído relacionado ao trabalho.
10 Caráter evolucionário por introdução de (novas) tecnologias.	Diferencial competitivo resultante de inovação (com redução de custos, manutenção ou ampliação de mercados, extensão de oferta etc.)

11 Estratégia de resultado orientada para o *cluster*.	Diferencial competitivo gerido sob uma perspectiva da ampliação da capacidade de competir ponderada pelo resultado integrado do *cluster* em termos de lucro agregado.

Fonte: ZACCARELLI *et al.* (2008, p. 24)

Os 11 fundamentos para caracterização de modelos de *clusters* desenvolvidos por Zaccarelli *et al.* (2008) estão subdivididos em duas partes, sendo a primeira correspondente aos fundamentos 1º ao 9º (formação natural dos *clusters* sem intervenção de governança). A segunda parte refere-se aos dois últimos fundamentos (10º e 11º), advindos de um processo de governança, requerendo uma gestão do *cluster* para o seu desenvolvimento.

2º exemplo de quadro:

Os *clusters* possuem uma ampla capacidade de desenvolver estratégia e auferir vantagens competitivas próprias, considerando sua localização geográfica e as diversas possibilidades de se estabelecer parcerias frente os atores locais, melhorando o desempenho do aglomerado e sua longevidade territorial (PEREIRA; POLO; SARTURI, 2013). **O Quadro 4 descreve acerca da evolução teórica quanto à dinâmica dos *clusters* de acordo com as perspectivas pesquisadas pelos autores elencados a seguir.**

Quadro 4 – Contribuições teóricas segundo os modelos de análise dos aglomerados

MARSHAL Sec. XIX	PORTER 1989	SCHMITZ 1992	ZACCARELLI 2008
Concentração geográfica; Mais atividades subsidiárias; Disponibilidade de trabalhadores com aptidão; Disseminação da informação; Menos custos para adotar novas tecnologias; Mais capacidade de inovar.	Concentração geográfica; Fornecedores de insumos especializados; Fornecedores de serviços; Instituições financeiras; Presença de empresas de setores correlatos/Fabricantes de produtos correlatos; Associações de empresas; Instituições governamentais Educação e treinamento Associações de normatizações.	Concentração geográfica; Presença de empresas de vários tamanhos; Flexibilidade e quantidade e diferenciação de produtos; Presença de terceirização; Fornecedores e prestadores de serviços trabalhando de forma integrada; Facilidade de entrada de novas firmas; Acesso à informação.	Concentração geográfica em áreas relativamente reduzidas; Abrangência de negócios viáveis e relevantes; Especialização das empresas; Equilíbrio com ausência de posições privilegiadas; Complementaridade (de negócios) por utilização de subprodutos; Cooperação entre empresas do *cluster* de negócios; Substituição seletiva de negócios do *cluster*; Uniformidade do nível tecnológico; Cultura da comunidade adaptada ao *cluster*; Caráter evolucionário por introdução de (novas) tecnologias; Estratégia de resultado orientada para o *cluster*.

Fonte: SIQUEIRA *et al.* (2010, p. 7)

De acordo com o quadro 4 nota-se que o princípio de localização geográfica permanece inalterado em todos os modelos de contribuições teóricas, os demais princípios possuem algumas similaridades perceptíveis, contudo**, buscando complementações a partir da evolução histórica do conceito.**

Observa-se que os quadros podem possuir diversos formatos, cabendo ao escritor do artigo raciocinar sobre a melhor forma de adicioná-los em sua pesquisa, buscando sempre o melhor formato para inserir a sua informação (respeitando as orientações dos respectivos professores orientadores).

É importante sempre observar as normas da Associação Brasileira de Normas Técnicas – ABNT. Assim como as normas para apresentações tabular fornecidas pelo Instituto Brasileiro de Geografia e Estatística – IBGE. Dessa forma, seu trabalho científico estará atendendo às normas e aos respectivos procedimentos legais quanto às exposições de figuras, tabelas e quadros.

Verifique:

ABNT – NBR 14724: Informação e documentação: trabalhos acadêmicos: apresentação.

IBGE – Normas de apresentação tabular.

A seguir serão apresentados os procedimentos metodológicos a serem utilizados em um artigo científico.

Capítulo 5

Procedimentos metodológicos

5.1 Abordagens e classificações de pesquisa

Antes de adentrar os procedimentos metodológicos é preciso compreender dois aspectos fundamentais para a elaboração de qualquer tipo de pesquisa científica, caracterizados como: **abordagem de pesquisa** e **classificação da pesquisa**.

Quanto a sua abordagem as pesquisas podem ser apresentadas como **qualitativas** e **quantitativas**. Já quanto ao seu tipo de classificação, as pesquisas podem ser classificadas sob três tipos: **pesquisas exploratórias**, **pesquisas descritivas** e **pesquisas explicativas** (GIL, 2010). Contudo, Cervo, Bervian e Silva (2007) descrevem que a base para toda e qualquer tipo de pesquisa surgirá por meio de pesquisas bibliográficas, dessa forma, os autores descrevem que:

> Qualquer espécie de pesquisa, em qualquer área, supõe e exige uma pesquisa bibliográfica prévia, quer para o levantamento do estado da arte do tema, quer para a fundamentação teórica ou ainda para justificar os limites e as contribuições da própria pesquisa (CERVO; BERVIAN; SILVA, 2007, p. 60).

A necessidade em explorar as bases bibliográficas para levantamento inicial é de extrema importância, essa fase irá contribuir para a construção teórica de sua pesquisa, posteriormente conduzindo a pesquisa a uma abordagem e classificação adequada de acordo com as características do seu objeto de estudo.

Segundo Gil (2010, p. 29) as pesquisas bibliográficas podem ser elaboradas da seguinte forma: "A pesquisa bibliográfica é elaborada com base em material já publicado. Tradicionalmente, esta modalidade de pesquisa inclui material impresso, como livros, revistas, jornais, teses, dissertações e anais de eventos científicos". Dessa forma, todo e qualquer material já publicado sobre o seu assunto poderá se tornar uma boa fonte de dados para a sua futura pesquisa, cabendo ao pesquisador realizar uma espécie de garimpo em livros, artigos, teses e dissertações, buscando material que possa ser utilizado em sua futura pesquisa.

5.2 Abordagens

- **Abordagem qualitativa**

Triviños (1987) descreve que as pesquisas qualitativas são oriundas dos estudos de antropologia, ou seja, nasceram com os estudos antropológicos sob forma natural. A pesquisa qualitativa caracteriza-se pela percepção dos pesquisadores sobre informações referentes à vida e ao cotidiano da população. Em sua grande maioria, esse tipo de informação (vida e cotidiano da população) não pode ser quantificada, ou seja, transformada em dados estatísticos, mas requer a necessidade de tratamento e interpretação por parte do pesquisador.

Para Strauss e Corbin (2008) as pesquisas de cunho qualitativas são utilizadas quando os pesquisadores objetivam alcançar dados que não podem ser mensurados, dessa forma, cabe utilizar pesquisas qualitativas para compreender fenômenos que surgem por meio de comportamentos de grupos ou indivíduos, movimentos sociais, fenômenos culturais e características sobre o funcionamento organizacional.

Deve ser enfatizado que nesse tipo de abordagem o pesquisador se torna um instrumento-chave para a consolidação do método proposto, pois a sua sensibilidade e interpretação (análise de entrevistas e observações) sobre a realidade estudada são fundamentais para a conclusão de sua pesquisa.

- **Abordagem quantitativa**

As pesquisas que possuem uma abordagem quantitativa podem mensurar dados, ou seja, quantificar os dados obtidos. Geralmente as pesquisas quantitativas são realizadas com um grande número de casos (tomamos como caso o número de participantes), podendo ser extenso conforme a sua amostra de pesquisa. Como exemplo: Uma pesquisa eleitoral pretende entrevistar 2.000 pessoas, nesse caso se torna inviável o uso de uma pesquisa qualitativa, sendo essa pesquisa conduzida sob uma abordagem quantitativa. Se fosse realizada uma pesquisa qualitativa, teriam de ser realizadas **entrevistas** com as 2.000 pessoas (inviável), pois tomaria muito tempo e necessitaria de um volumoso recurso financeiro.

Para interpretação dos dados obtidos em uma pesquisa quantitativa torna-se necessário o uso de procedimentos estatísticos, o que possibilita uma mensuração e interpretação de dados numéricos. As pesquisas quantitativas também são conduzidas com o instrumento de questionário, diferentemente da pesquisa qualitativa, geralmente realizada sob a condução de entrevistas. Fonseca (2002, p. 20) esclarece que:

> Diferentemente da pesquisa qualitativa, os resultados da pesquisa quantitativa podem ser quantificados. Como as amostras geralmente são grandes e consideradas representativas da população, os resultados são tomados como se constituíssem um

> retrato real de toda a população alvo da pesquisa. A pesquisa quantitativa se centra na objetividade. Influenciada pelo positivismo, considera que a realidade só pode ser compreendida com base na análise de dados brutos, recolhidos com o auxílio de instrumentos padronizados e neutros. A pesquisa quantitativa recorre à linguagem matemática para descrever as causas de um fenômeno, as relações entre variáveis, etc. (FONSECA, 2002, p.20).

Em sua maioria os artigos oriundos de graduações e de programas de pós-graduações (*lato sensu*) seguem uma abordagem qualitativa. A abordagem quantitativa se torna mais complexa pelo fato de que sua metodologia e posterior análise irão requerer a utilização de procedimentos e técnicas estatísticas complexas para quem ainda não está familiarizado com o assunto e com o uso de tal abordagem. Porém o uso da abordagem quantitativa possui um alto poder de impacto para o efeito de futuras publicações, devido a sua alta complexidade de análise e acerca de seus procedimentos metodológicos e técnicas estatísticas utilizadas.

5.3 Classificação dos tipos de pesquisas

Como descrito brevemente nos primeiros parágrafos desse capítulo as pesquisas podem ser classificadas em exploratórias, descritivas e explicativas (GIL, 2010). Posteriormente será apresentada uma breve descrição sobre cada classificação para auxiliá-lo a compreender em qual tipo de classificação sua pesquisa se encaixa.

- **Pesquisa exploratória**

As **pesquisas exploratórias** possuem como objetivo proporcionar uma maior compreensão sobre o objeto estudado, tornando-o explícito para pesquisas futuras (PEREIRA, 2010). As pesquisas classificadas como exploratórias têm como objetivo proporcionar uma maior familiaridade sobre o assunto/tema pesquisado. Dessa forma, esclarecendo e modificando conceitos, estando respaldada em uma pesquisa bibliográfica, e geralmente realizada sob a condução de entrevistas com atores envolvidos na prática de seu estudo, ou com atores que de certa forma já tiveram alguma experiência com o seu objeto de estudo (GIL, 2010).

- **Pesquisa descritiva**

As **pesquisas classificadas como descritivas** pretendem descrever as características de uma população, grupo, indivíduos, empresas etc. Esse tipo de pesquisa apresenta geralmente as características dos grupos estudados, descrevendo, por exemplo, idade, gênero, nível escolar (GIL, 2010).

Também são exemplos de pesquisas descritivas: estudar um grupo de empresas e descrever seus ramos de atividades, seu tempo de atuação no mercado, perfil do seu consumidor, volume de vendas de seus respectivos produtos etc. É preciso compreender que na pesquisa descritiva o pesquisador irá descrever o fenômeno estudado, sempre relacionando a pesquisa a sua problemática, e aos seus objetivos de pesquisa (geral e específico), do contrário perderá o foco de seu estudo.

Geralmente, as pesquisas de caráter descritivo são uma evolução das pesquisas exploratórias. Na pesquisa exploratória o objeto de estudo ainda requer estudos aprofundados, por isso o nome exploratória. Já nas pesquisas descritivas, o objeto de estudo já foi explorado, cabendo ao pesquisador buscar uma melhor descrição dos dados sobre o seu objeto de estudo.

- **Pesquisa explicativa**

Já as **pesquisas classificadas como explicativas** possuem como propósito identificar fatores que contribuem para que um fenômeno ocorra (GIL, 2010). Trata-se do tipo de classificação de pesquisa com maior nível de dificuldade, e nem sempre se torna possível a sua concretização.

Não significa que os estudos exploratórios e descritivos são inferiores, podendo uma pesquisa explicativa surgir por meio de um estudo descritivo, como uma espécie de continuação do trabalho científico (GIL, 2010). Porém vale ressaltar que pesquisas explicativas são geralmente encontradas em teses de doutorado, por possuírem um alto nível de complexidade e originalidade em suas contribuições teóricas. Por ora, cabe destinar seus artigos a pesquisas exploratórias e descritivas. Tais pesquisas possuem boas contribuições para estudos posteriores, deixando a classificação explicativa de fato para doutores em suas respectivas áreas de conhecimento.

Lembrando que, para a realização de estudos classificados como explicativos, torna necessário o empenho de tempo e altos recursos financeiros, cabendo ao pesquisador algumas características pessoais como empenho e perseverança, pois nem sempre obterá êxito no campo das ciências sociais.

5.4 Modelo teórico de pesquisa

Para a construção do presente artigo foi elaborado um modelo teórico de pesquisa. O modelo teórico de pesquisa procura demonstrar de forma clara como foram elaboradas as etapas dessa pesquisa. Começando pelas pesquisas de cunho bibliográfico sobre os conceitos de *clusters* e *clusters* comerciais. Posteriormente é apresentado o foco da pesquisa "*Cluster* de Essências da Sé". Também se apresenta como se desenvolveu a etapa de coleta de dados (dados primários e dados secundários). Entendem-se como dados primários quando o pesquisador vai buscar informação direta na fonte, tendo como exemplo a realização de entrevistas e o preenchimento de questionários. Já os dados secundários podem surgir sob forma de buscar informações em bases de dados, como exemplo: realizar uma pesquisa tendo como base os números anuais do Índice de Preços do Consumidor Amplo – IPCA ao longo dos últimos dez anos. Para realizar essa pesquisa, o pesquisador buscou informações no banco de dados do Instituto Brasileiro de Geografia e Estatística – IBGE, sendo o IBGE a instituição responsável por mensurar esse índice. Dessa forma não se trata de uma informação primária, mas sim de uma informação de caráter secundário.

Depois foram apresentadas as análises dos resultados, tendo como base as métricas desenvolvidas por Zaccarelli *et al.* (2008) e sua aplicabilidade para identificação do *cluster* estudado. Por fim, o modelo apresenta as considerações finais remetendo ao desfecho parcial da pesquisa.

Exemplo de modelo conceitual teórico utilizado no artigo:

A **figura 2** apresenta o **modelo conceitual utilizado**, assim como **os procedimentos de coleta de dados e análises para fins de pesquisa.**

Figura 2 – Modelo conceitual teórico dos procedimentos metodológicos

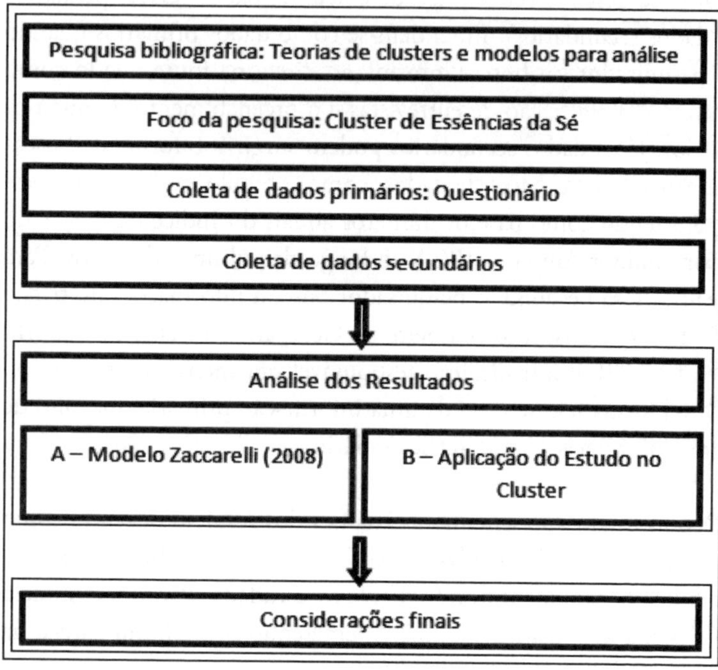

Fonte: Elaborado pelos autores (2015)

De acordo com a **figura 2 denominada de modelo conceitual o primeiro passo fora realizar uma pesquisa bibliográfica com revisões em livros e periódicos para fundamentar e descrever o atual estado da arte quanto à teoria de *clusters*. Posteriormente foi realizada uma coleta de dados primários por meio de instrumentos de pesquisa e em sequência consultas a bases secundárias**, utilizando-se da plataforma *world wide web*.

Em um primeiro momento foi realizada uma pesquisa com fins exploratórios para levantamento de informações e observação dentro do próprio *cluster*, observando a sua quantidade de lojas, tipos de negócios (similaridades) e fluxo de consumidores. Em um segundo momento foi aplicado um total de 21 questionários para os comerciantes locais, caracterizando seus comércios e respectivas atividades. No modelo de questionário os comerciantes atribuíram notas de 1 a 5 referentes aos 11 fundamentos (sendo 1 a nota mais baixa e 5 a nota mais alta), destacando as seguintes atribuições: 1 não há importância; 2 pouco importante; 3 importante; 4 grau de importância elevado e 5 muito importante, de acordo com o grau de importância atribuído pelos próprios comerciantes concentrados no *cluster*.

Com base nas métricas desenvolvidas por Zaccarelli *et al.* (2008) foram feitas análises dos resultados, assim, proporcionando a mensuração adequada dos dados obtidos perante a pesquisa.

Uma boa metodologia deve deixar claro para o leitor e para os respectivos avaliadores de seu artigo científico como foi desenvolvido o seu artigo científico, como foi o seu trabalho de coleta de dados, como foi o seu trabalho de análise dos dados. Enfim, o leitor deverá ler o seu estudo e ter uma visão clara dos procedimentos metodológicos utilizados, não poderá deixar dúvidas e nem falsas compreensões sobre o que está descrito.

5.5 Elaboração do roteiro de perguntas (para pesquisas qualitativas) e questionário (para pesquisas quantitativas)

Nessa fase são elaborados os instrumentos para a coleta de dados de sua pesquisa, classificados como roteiros de perguntas estruturadas e questionários. As entrevistas podem ser realizadas para compreender problemas relacionados às ciências sociais, psicologia, sociologia, serviço social e pedagogia (GIL, 1989). Dessa forma, a entrevista possibilita uma riqueza de informações que não podem ser adquiridas por meio de dados numéricos, ou seja, possui informações que não podem ser quantificadas. Gil (1989) também acrescenta que nas entrevistas estruturadas a formulação das perguntas possui um caráter metodológico, seguindo uma sequência lógica, como exemplo: 1º pergunta, 2º pergunta, 3º pergunta etc. (nesse caso as perguntas possuem uma ordem e não são alteradas, existindo assim um rigor ao método).

- **Vantagens relacionadas ao uso de entrevistas:**

  Riqueza de informações;

  Possibilita a obtenção de detalhes durante a condução da entrevista;

  Possibilita a extração de dados não mensuráveis.

O questionário também se torna importante para a obtenção de dados, Gil (1989) descreve que seu uso está relacionado ao conhecimento de opiniões, interesses e expectativas. Os questionários também são muito utilizados em pesquisas que mensuram a satisfação dos clientes e a qualidade dos serviços prestados. Os questionários são muito utilizados quando se tem um número extenso de pessoas, grupos e/ou empresas para realizar a pesquisa, seu uso se torna fundamental quando se pretende adquirir dados quantitativos. O questionário irá ajudá-lo a coletar os dados, sendo possível posteriormente realizar a tabulação e interpretar os dados de forma coerente.

- **Vantagens relacionadas ao uso de questionários:**

  Garante o anonimato do respondente;

  Possibilita um maior número de respondentes;

  Pode ser respondido em menor tempo, quando comparado à realização das entrevistas.

É importante destacar que a construção de qualquer modelo de questionário e de qualquer roteiro de entrevistas deverá surgir da sua "Fundamentação Teórica", por isso o processo de fundamentação teórica consiste em uma parte de extrema importância na elaboração de seu artigo científico. É por meio das teorias já pesquisadas que vão surgir as perguntas a serem utilizadas em uma entrevista (para artigos qualitativos) e modelos de questionários (para artigos quantitativos).

É preciso ter clareza que as perguntas e os questionários não surgem do nada. Precisam estar fundamentados em uma teoria, pois do contrário seu artigo correrá o risco de não encontrar bons resultados em seu desfecho, com pouca contribuição científica mediante tais erros.

O presente artigo, o qual serve de base para a compreensão do livro, foi um artigo classificado como **qualitativo** e **exploratório**. Para coletar seus dados foi preciso elaborar um questionário para aplicar no local onde a pesquisa foi realizada (***Cluster* de Essências no Bairro da Sé, São Paulo**). Embora o **"modelo conceitual teórico dos procedimentos metodológicos" já foi apresentado**, é necessário ressaltar esse processo para reafirmar a compreensão do leitor.

Trecho do artigo que enfatiza a aplicação do questionário aos comerciantes locais:

Em um segundo momento foi aplicado um total de 21 questionários para os comerciantes locais, caracterizando seus comércios e respectivas atividades. No modelo de questionário os comerciantes atribuíram notas de 1 a 5 referentes aos 11 fundamentos (sendo 1 a nota mais baixa e 5 a nota mais alta), destacando as seguintes atribuições: 1 não há importância; 2 pouco importante; 3 importante; 4 grau de importância elevado e 5 muito importante, de acordo com o grau de importância atribuído pelos próprios comerciantes concentrados no *cluster*.

Nota-se que, além da aplicação do questionário aos comerciantes locais, o artigo também descreve a forma como os dados serão coletados por meio da atribuição de notas, sendo essas notas atribuídas pelos próprios comerciantes. Essas notas se tornarão dados de % (porcentagens) na etapa de análise e interpretação dos dados (próximo capítulo).

5.6 Modelo de instrumento de pesquisa elaborado para a coleta de dados do artigo

Como descrito anteriormente as perguntas e os questionários não surgem do nada, precisam estar fundamentados em uma teoria. A construção do questionário utilizado no artigo foi baseada no quadro 2.

Nota-se que esse quadro faz parte do processo de fundamentação teórica (apresentado no capítulo 4). As perguntas que originaram o questionário foram elaboradas com base nos

Fundamentos e nos **Impactos na competitividade (Efeitos)**, observe.

Quadro 2 – Efeito dos fundamentos sobre a competitividade

Fundamento	Impacto na competitividade (Efeitos)
1 Concentração geográfica.	Percepção dos clientes de variedade superior, poder de escolha de fornecedor ampliado e maior confiabilidade de preços.
2 Abrangência de negócios viáveis e Relevantes.	Custos de busca e acesso menores para cliente; redução da necessidade de estoques elevados ou prazos de reposição (proximidade de fornecedores).
3 Especialização das empresas.	Especialização dos negócios favorece redução de despesas agregadas de operação e diminuição do volume de investimento necessário.
4 Equilíbrio com ausência de posições privilegiadas.	Lucros equilibrados e não relativamente altos, devido à competição entre os negócios.
5 Complementaridade por utilização de subprodutos.	Favorecimento da presença e estabelecimento de novos negócios e aporte de receita adicional.
6 Cooperação entre empresas do *cluster* de negócios.	Aumento da capacidade competitiva do *cluster* de forma integrada, devido à impossibilidade de contenção de troca de informações entre negócios.
7 Substituição seletiva de negócios do *cluster*.	Extinção de negócios com baixa competitividade por fechamento da empresa ou mudança de controle.
8 Uniformidade do nível tecnológico.	Estímulo ao desenvolvimento tecnológico e, em função da proximidade geográfica e lógica, transferência de tecnologia para os demais negócios.
9 Cultura da comunidade adaptada ao *Cluster*.	Aumento da motivação e satisfação com o reconhecimento da comunidade em relação ao *status* atribuído relacionado ao trabalho.

10 Caráter evolucionário por introdução de (novas) tecnologias.	Diferencial competitivo resultante de inovação (com redução de custos, manutenção ou ampliação de mercados, extensão de oferta etc.)
11 Estratégia de resultado orientada para o *cluster*.	Diferencial competitivo gerido sob uma perspectiva da ampliação da capacidade de competir ponderada pelo resultado integrado do *cluster* em termos de lucro agregado.

Fonte: ZACCARELLI *et al.* (2008, p. 24)

É importante destacar que o questionário deverá ser formulado com perguntas de fácil compreensão para os respondentes, dessa forma, cabe ao pesquisador adaptar as questões para que o seu público-alvo compreenda o que de fato está sendo solicitado, sem deixar o respondente com dúvidas.

MODELO DE INSTRUMENTO

QUESTIONÁRIO APLICADO AOS PROPRIETÁRIOS E GESTORES DE LOJAS ATUANTES NO ENTORNO DA RUA TABATINGUERA – SÃO PAULO

Dê uma nota de 1 a 5 (sendo 1 a nota mais baixa e 5 a nota mais alta) para cada um dos fatores abaixo de acordo com o que você considera importante enquanto lojista.

1. Concentração geográfica (grande concentração de comerciantes com as mesmas atividades localizadas no entorno da Rua Tabatinguera (comercialização de essências). Nota_____

2. Existe algum tipo de comércio que não existe na região e que o comerciante acha viável a sua implantação? (   ) Sim (   )

Não. Qual tipo de comércio:_______________________
Nota_____

3. Alta especialização dos comércios (foco nos produto e serviço – comércios só de essências, comércios só de embalagens etc.). Nota_____

4. Muitos comércios (alto número de comércios fornecendo o mesmo produto/serviço). Nota_____

5. Os comerciantes fazem alguma ação de reciclagem, promovem reciclagem de algum produto (s)? Nota_____

6. Cooperação entre empresas, por exemplo, indicando fornecedores, emprestando materiais quando necessários e até mesmo trocando informações sobre clientes. Nota_____

7. Os comércios costumam trocar de donos (proprietários) constantemente em função da elevada competição. Nota_____

Percepção de Mudança	**Muito**	**Pouca**	**Não Mudaram**	**Não Sabe Responder**
Houve mudança de concorrente				
A mudança de concorrente afetou o negócio				

*Só marcar um "x" no quadro

8. Os comerciantes obtêm basicamente as mesmas tecnologias? Existem comércios com tecnologias superiores? Nota_____

9. Cultura da região (Rua Tabatinguera). Acredita que o local (e seu entorno) em que se encontra a sua loja respira essências, compras de essências, embalagens de essências, produtos relacionados etc.) Nota_____

10. Existência de associações de lojistas trazendo melhorias para os lojistas locais (como novas tecnologias etc.) Existe associação de lojistas? (   ) Sim (   ) Não

    Qual o nome da associação de lojistas:____________________

11. Estratégia orientada para as lojas como reunião entre negócios, programação de eventos, presença de assessoria específica e ações voltadas para a competitividade do agrupamento por meio de associações dos comerciantes. Nota_____

Existe estratégia entre os próprios lojistas para a melhoria das lojas e do local? (Reuniões entre os próprios lojistas buscando melhorias para o local e seus comércios) (   ) Sim (   ) Não

Percepção da presença	**%**
Eventos coletivos	
Assessoria específica	
Ações de urbanização	

*Só marcar um "x" no quadro

Algumas questões foram adaptadas para uma melhor compreensão dos respondentes. Também foram inseridas tabelas **(questões 7 e 11)** para marcações com "**x**" a fim de tornar esses dados em % na hora de realizar as análises.

Capítulo 6

Análise dos dados

6.1 Análise e interpretação dos dados pesquisados

Nessa etapa, o seu artigo já passou pelo processo de construção do referencial teórico e também já possui o seu procedimento metodológico definido a ser utilizado na presente pesquisa. Agora é preciso buscar as informações no campo (local de aplicação da sua pesquisa). Para obter as informações necessárias e posteriormente conseguir interpretá-las e analisá-las de forma correta, é preciso antes de tudo construir um instrumento de pesquisa, também denominado de questionário ou roteiro de entrevistas, como foi apresentado no final do capítulo anterior.

Para o processo de análise de sua pesquisa, pode ser utilizada a Análise de Conteúdo (BARDIN, 2011), esse processo pode ser utilizado como análise de entrevistas, assim como objeto de comparação e análises das respostas a questões abertas, com base nas temáticas elencadas na sua pesquisa.

O procedimento utilizado para Análise de Conteúdo (BARDIN, 2011) possui o objetivo de tirar partido acerca de um fenômeno estudado, correspondente ao uso de material qualitativo. Trata-se de examinar as respostas obtidas e as suas relações com o objeto de estudo. Dessa forma, podendo ser realizadas comparações das entrevistas realizadas, classificação das palavras, número de vezes que tais palavras, frases ou argumentos são citados.

Esse tipo de análise permite que o aluno faça uma classificação com as temáticas de sua pesquisa, possibilitando também uma mensuração em formato de porcentagens.

Uma boa Análise de Conteúdo de entrevistas vai requerer em um primeiro passo a gravação da entrevista, nessa fase é importante pedir ao entrevistado sua autorização para gravar a entrevista, deixando claro que seu propósito é meramente acadêmico e não para fins de mercado. Após o processo de gravação das entrevistas vem a etapa de transcrição das entrevistas realizadas. Nessa fase é necessário que o aluno transcreva todo o conteúdo da entrevista (etapa árdua), porém, de extrema importância para a consolidação de qualquer análise qualitativa.

Posteriormente o aluno fará a pré-análise de sua pesquisa, evidenciando os temas em comum citados pelos entrevistados, e também trechos dos quais o aluno julgue necessário destacar. Após concluída essa etapa, a análise estará quase concluída, agora só falta criar quadros e/ou tabelas com os principais temas extraídos da pesquisa, assim como justificar os temas com as citações diretas (depoimentos dos entrevistados) para consolidar as suas análises.

Para exemplificar segue um modelo prático sobre o que o parágrafo tenta resumir. A parte a seguir trata de um trecho de uma dissertação de mestrado a qual utilizou a técnica de Análise de Conteúdo (BARDIN, 2011), vejamos:

O tópico a seguir (4.1) refere-se a uma pergunta feita aos gestores, diretores, e pró-reitores de Instituições de Ensino Superior – IES.

Questão: Na opinião da IES, o que a universidade faz de melhor que pode ser utilizado nas empresas?

- Pesquisas
- Desenvolvimento de capital intelectual
- Desenvolvimento de metodologia (novos métodos para trabalho)

Percebe-se que existem possibilidades de respostas em tópicos, os tópicos funcionam como uma espécie de direcionador da entrevista, tendo em vista que os respondentes ao interpretarem e responderem cada tópico terão respostas diferentes a serem analisadas. Na fase de interpretação é preferível não apresentar a pergunta em seu formato original, surgindo a temática **contribuições por meio de pesquisas.**

Exemplo utilizado na dissertação para o processo de análise e interpretação dos dados:

1.1 Contribuições das Instituições de Ensino Superior que podem ser utilizadas no ambiente empresarial

A próxima temática a ser apresentada descreve acerca das ações e práticas desenvolvidas no âmbito acadêmico que podem ser absorvidas pelo meio empresarial, proporcionando assim uma maior interação entre os atores e propostas de parcerias efetivas com empresas localizadas na região.

A temática relacionada está subdividida em três temas, sendo expostos da seguinte maneira: 1º pesquisa, 2º desenvolvimento de capital intelectual e 3º desenvolvimento de novas metodologias. As pesquisas desenvolvidas pelas instituições acadêmicas podem proporcionar um sólido conhecimento acerca das diferentes realidades estudadas, sejam essas pesquisas destinadas a estudos coorporativos e/ou sociais.

Partindo deste pressuposto, as instituições acadêmicas precisam cumprir com o seu papel, não apenas voltado para o ensino, mas compreendendo as realidades empresariais por meio da introdução de pesquisa e de parcerias desenvolvidas com empresas inseridas no seu território, fortalecendo sua base de conhecimento acerca dos problemas empresariais locais (MASSAROPPE *et al.* 2013).

A tabela 9 apresenta as respostas relacionadas com a temática em questão, sendo subdivididas entre o desenvolvimento de pesquisas para compreender as realidades empresariais, além de proporcionar melhorias e vantagens em escala social.

Tabela 9 – Temática: contribuições por meio de pesquisas

TEMÁTICA	RESPOSTAS RELACIONADAS (Respostas fornecidas pelos entrevistados)	QUANTIDADES DE RESPOSTAS IES (Quantidade de respostas e suas respectivas porcentagens)
Pesquisas	Maior aproximação das necessidades empresariais	5 (41%)
	Proporciona soluções e auxilia os mercados	4 (33%)
	Melhorias em processos externos	4 (33%)
	Auxilia na tomada de decisão	1 (8%)
	Pode proporcionar vantagens em escala social	1 (8%)

Fonte: Elaborado pelo autor (2016)

Percebe-se que, segundo dados coletados, a realização de pesquisas pode aproximar as IES das atuais necessidades empresariais, configurando-se como uma necessidade percebida pelas instituições entrevistadas. Para a FIRP/UNIESP, segundo dados da entrevista semiestruturada, "[...] as pesquisas desenvolvidas dentro das IES são de grande valia para o ambiente coorporativo, mas é preciso uma maior aproximação do meio empresarial, do contrário o que se cria dentro das IES pode ser perdido, sem uma aplicação empírica" (FIRP/UNIESP). Percebe-se que existe uma lacuna entre empresas e instituições acadêmicas, sendo classificada como necessidade de uma maior aproximação por parte do meio empresarial, segundo resposta do entrevistado.

Tais pesquisas podem surgir por meio de contratações de serviços com ou sem fins lucrativos, com sua aplicabilidade sendo direcionada para desenvolvimento de novos produtos, aperfeiçoamento de produtos já existentes e pesquisa de mercado (ALTHEMAN; CAMPOS, 2004). Sendo assim, caracterizadas também como vantagens e desenvolvimento recíproco para ambos os atores (universidades e empresas), obtendo como base a contribuição da instituição pesquisada (FATEC Mauá).

> A pesquisa científica como nós já citamos a indústria ela tem os elementos dos quais nós precisamos para trabalhar a pesquisa científica, vem dali a nossa munição, a nossa matéria-prima está ali. Quando você junta essa matéria-prima chamada necessidade, oportunidade com o conhecimento adquirido na academia você tem a liga que você precisa pra fomentar o desenvolvimento de ambas as partes (FATEC – MAUÁ).

Pode-se constatar que junto à pesquisa, também está em evidência o desenvolvimento de capital intelectual como fator determinante de sucesso de ambas as instituições (universidades e empresas). Lall (2005) descreve que a interação entre universidades com setores empresariais está norteada por esforços para desenvolver conhecimentos e aptidões, com ênfase para o aperfeiçoamento da força de trabalho.

OBSERVAÇÓES IMPORTANTES:

Nota-se que no final da análise dessa temática, o autor apresenta com o texto uma citação direta de um dos entrevistados, isso ajuda a compreender e reforçar a análise, tendo em vista o argumento direto do entrevistado.

Nesse modelo de análise também foi criado um quadro em porcentagens, ultrapassando os 100% (correspondente a mais de uma resposta idêntica entre os entrevistados). Embora na tabela a quantidade de respostas tenha sido caracterizada por 15, o total de entrevistados foram 12 pessoas. Isso significa que em algum momento da entrevista algum entrevistado apresentou esta resposta novamente, e em se tratando de uma interpretação de pesquisa qualitativa esse argumento não pode ser descartado. Sendo assim, 5/12 = 41%.

Outro fator de destaque são as referências utilizadas entre as análises, observe que o autor buscou entender as respostas dos entrevistados com a teoria pesquisada, incluindo os autores pesquisados durante sua fase de fundamentação teórica. Esse fato é determinante para as análises de conteúdo, pois justifica a teoria utilizada em seu processo de fundamentação.

6.2 Apresentação dos dados

Antes de realizar as análises da pesquisa, torna-se importante apresentar em um breve parágrafo o campo estudado, ou seja, o local onde a pesquisa foi feita ou trazer alguns dados dos quais o pesquisador julgue importantes para caracterizar um ponto de partida relevante.

Nesse caso (do artigo em questão), os dados coletados foram tabulados e expressos em formato de porcentagens, dessa forma, sendo interpretados de acordo com as notas dadas pelos comerciantes inseridos no *cluster* pesquisado.

Exemplo de apresentação das análises utilizado no artigo:

4 ANÁLISE DOS RESULTADOS

Dentre as lojas encontradas no bairro da Sé, município de São Paulo, ocorre uma divisão de segmentação com três diferentes segmentos (porém com atividades correlatas entre as lojas), explicados a seguir:

- Comercialização de essências – 7 lojas
- Comercialização de essências e embalagens – 23 lojas
- Comercialização de embalagens – 5 lojas

Observe que para a realização dessa pesquisa os pesquisadores encontraram comércios com certa similaridade, sendo este um dos fundamentos da teoria de *clusters* comerciais. Foi pesquisado um total de 35 lojas voltadas para a comercialização de essências e produtos correlatos, ou seja, produtos ligados a esse tipo de comércio.

6.3 Métodos utilizados para realizar a análise do artigo

Para realizar a análise dos dados coletados é preciso definir um método, o método justificará como procederam as análises feitas pelos pesquisadores. Dessa forma, apresentando para o leitor os resultados obtidos por meio de sua pesquisa.

Para o presente artigo (foco do estudo) foi utilizado como método para análise da pesquisa o modelo desenvolvido por Zaccarelli *et al.* (2008) para análise de *clusters* comerciais. Foi aplicado um total de 21 questionários para os comerciantes locais. No modelo de questionário os comerciantes atribuíram notas de 1 a 5 referentes aos 11 fundamentos (sendo 1 a nota mais baixa e 5 a nota mais alta), destacando as seguintes atribuições: 1 não há importância; 2 pouco importante; 3 importante; 4 grau de importância elevado e 5 muito importante, de acordo com o grau de importância atribuído pelos próprios comerciantes concentrados no *cluster*.

Posteriormente, após o processo de tabulação dos dados, as notas foram apresentadas sob o formato de média (média das notas dos 21 comerciantes entrevistados). Em alguns casos, também foram apresentadas tabelas com suas respectivas porcentagens para evidenciar os dados coletados durante a pesquisa (sempre tendo como base o questionário aplicado aos comerciantes).

6.4 Análise e interpretação dos dados

Como já descrito anteriormente, o item (4) apresentado acima evidenciou o local onde foi realizada a pesquisa e o seu total de lojas encontradas no *cluster* (suas atividades correlatas). Os próximos itens apresentarão os dados encontrados na pesquisa, assim como as medias das notas atribuídas pelos comerciantes locais, respeitando cada um dos fundamentos para mensurar a formação de um *cluster*. A seguir é apresentado o quadro com os fundamentos utilizados na pesquisa, quadro esse criado a partir das perspectivas teóricas de Zaccarelli *et al.* (2008).

Fundamentos
1 Concentração geográfica.
2 Abrangência de negócios viáveis e relevantes.
3 Especialização das empresas.
4 Equilíbrio com ausência de posições privilegiadas.
5 Complementaridade por utilização de subprodutos.
6 Cooperação entre empresas do *cluster* de negócios.
7 Substituição seletiva de negócios do *cluster*.
8 Uniformidade do nível tecnológico.
9 Cultura da comunidade adaptada ao *cluster*.
10 Caráter evolucionário por introdução de (novas) tecnologias.
11 Estratégia de resultado orientada para o *cluster*.

No presente artigo foi analisado cada um dos 11 fundamentos; contudo, para efeito de simplificação do presente conteúdo, serão apresentadas as análises dos quatro primeiros fundamentos, assim como apresentadas suas notas atribuídas sob o formato de médias e a apresentação de uma tabela para compreensão do leitor.

Exemplo de apresentação de análises e interpretação dos dados utilizados no artigo: 1º fundamento

4.1 Concentração geográfica

A concentração geográfica se torna o pré-requisito para a caracterização de um modelo de *cluster* e deste modo as vantagens locacionais criam efeitos de competitividade a partir do momento em que se constatou uma aglomeração territorial (ZACCARELLI *et al.*, 2008, p. 74).

(A) Métricas propostas pelo modelo Zaccarelli *et al.* (2008):

"Quantidade de lojas concentradas no modelo de *cluster*."

Refere-se à quantidade de lojas presentes no *cluster* e sua distância espacial (entorno do *cluster*).

(B) Aplicação no *cluster* de essências da Sé:

Foi identificado um total de 35 lojas com suas operações voltadas para a comercialização de essências e embalagens no bairro da Sé, município de São Paulo. Diante deste fundamento, de acordo com a percepção dos comerciantes em uma medida de 1 a 5 foi atribuída uma nota 4,38 (média), demonstrando que o fator concentração geográfica possui importância elevada para os comerciantes inseridos no território.

Nota-se que o primeiro fundamento elaborado por Zaccarelli *et al.* (2008) está caracterizado como **"Concentração Geográfica"**, diz respeito à quantidade de lojas existentes na região foco do estudo. Foram utilizadas duas métricas, **métrica (A)** Métricas propostas pelo modelo Zaccarelli *et al.* (2008):"Quantidade de lojas concentradas no modelo de *cluster*.". E **métrica (B)** Aplicação no *cluster* de essências da Sé.

Para mensurar a métrica (B) foi perguntado aos comerciantes locais sobre a importância da **Concentração Geográfica**, grande concentração de comerciantes com as mesmas atividades localizadas no entorno da Rua Tabatinguera (comercialização de essências), para tanto sendo atribuída uma nota de 1 a 5 (sendo 1 a nota mais baixa e 5 a nota mais alta). Análise e interpretação dos dados compreenderam que foi atribuída uma nota de 4,38 (média), demonstrando que o fator Concentração Geográfica possui importância elevada para os comerciantes inseridos no *cluster*.

Exemplo de apresentação de análises e interpretação dos dados utilizados no artigo: 2º fundamento

4.2 Abrangência de negócios viáveis e relevantes

Para Zaccarelli *et al.* (2008, p. 76) este fundamento surge a partir do grau de incorporação e das atividades das empresas envolvidas no aglomerado, contemplando a existência de relações diretas com fornecedores, os quais também podem estar localizados no entorno do *cluster*.

(A) Métrica proposta pelo modelo Zaccarelli et al. (2008):

"Número de negócios de importância externos, contudo ligados ao *cluster*, dados apresentados em formato de porcentagem."

Um modelo de *cluster* desenvolvido conta com elevado número de negócios similares, os quais estão correlacionados às atividades do aglomerado.

(B) Aplicação no *cluster* de essências da Sé:

Para este fundamento foi questionado a respeito de novos modelos de negócios viáveis e relevantes para o *cluster*, sendo atribuída uma nota 3,42 (demonstrando que os comerciantes locais acham importante o surgimento de novos negócios ligados *à* comercialização de essências para o local).

Tabela 1 – Abrangência de negócios viáveis e relevantes

Atividades comerciais	Número de empresas	%
Essências	7	20,00
Essências e embalagens	23	65,72
Embalagens	5	14,28
Total	**Lojas na Região**	**100%**

Fonte: Elaborado pelos autores (2015)

A tabela 1 apresenta os modelos de comércios existentes na região (atualidade) em formato de porcentagens, com seu total de 35 lojas caracterizadas (essências e embalagens) durante a pesquisa realizada.

O segundo fundamento elaborado por Zaccarelli *et al.* (2008) está caracterizado como **"Abrangência de negócios viáveis e relevantes"**, e diz respeito ao número de negócios correlatos também encontrados no local. Observe que foram encontrados comércios de essências, comércios de embalagens etc.

Foi perguntado (questionário) para os comerciantes locais se existe algum tipo de comércio que ainda não se encontra na região. E se os comerciantes acham viável a sua implantação (porém com poucas respostas obtidas pelos lojistas locais). Deve ser observado que nem toda pesquisa vai lhe proporcionar respostas sobre o que de fato o pesquisador pretende achar. Mas como o modelo de instrumento já havia sido criado e passado por um pré-teste, a pergunta não foi excluída do questionário, criando as médias a partir das respostas coletadas.

O termo pré-teste significa que foram realizados alguns testes antes da aplicação do questionário destinado a outros comerciantes.

Funciona como uma espécie de teste para verificar a funcionalidade do seu questionário, portanto, optar por fazê-lo pode ser um ponto positivo no seu artigo, assim como você poderá descrever em seus **Procedimentos Metodológicos** como o seu questionário foi criado. Lembre-se de que nos **Procedimentos Metodológicos** é importante detalhar passo a passo as etapas de criação e mensuração do seu instrumento de pesquisa.

Para esse fundamento **"Abrangência de negócios viáveis e relevantes"** foi atribuída uma nota de 3,42, o que demonstra que os comerciantes locais acham importante o surgimento de novos negócios ligados *à* comercialização de essências. Isso pode significar que quanto mais comércios ligados ao ramo de essências adentrarem a região, maior poderá ser o fluxo de clientes no local.

Ainda para validar e reforçar a análise foi criada uma tabela com o total de comércios existentes na região e suas respectivas porcentagens (**Tabela 1**). Em uma análise a apresentação de dados em formato de quadros, tabelas e gráficos pode ser um diferencial em seu artigo, desde que sua colocação se faça necessária, assim como a sua apresentação com o texto. É importante que os quadros, tabelas e gráficos estejam amarrados a sua análise, do contrário sua presença é desnecessária.

Exemplo de apresentação de análises e interpretação dos dados utilizados no artigo: 3º fundamento

4.3 Especialização das empresas

Este fundamento determina o grau de especialização das empresas, os modelos de *clusters* comerciais desenvolvidos possuem poucas empresas com alto nível de especialização, por vezes, possuem apenas uma única empresa com alto nível de especialização e tecnologia (ZACCARELLI *et al.*, 2008, p. 76).

(A) Métrica proposta pelo modelo Zaccarelli et al. (2008):

"Número de negócios presentes, com elevado nível de tecnologia."

Nível tecnológico das empresas que se encontram no cluster. Quanto maior o nível de tecnologia, maiores serão as probabilidades de gestão organizacional eficiente e competitiva.

(B) Aplicação no *cluster* de essências da Sé:

Para o fundamento especialização das empresas, em uma escala de 1 a 5 foi atribuída a nota 3,09 (demonstrando que os gestores e proprietários possuem basicamente as mesmas tecnologias para gerar competitividade em seus modelo de negócios), com traços de aperfeiçoamento e eficiência organizacional.

O terceiro fundamento **"Especialização das Empresas"** significa o número de negócios presentes no *cluster* com alto nível de tecnologia. Para mensurar esse fundamento foi questionado para os comerciantes sobre o grau de especialização dos comércios (com foco nos produtos e serviços) também com a atribuição de uma nota pelos próprios comerciantes locais para poder mensurar uma média no final. Como se tratava de comércios notou-se que os comerciantes locais dispunham das mesmas tecnologias (baixo nível de tecnologia em seus negócios).

Exemplo de apresentação de análises e interpretação dos dados utilizados no artigo: 4º fundamento

4.4 Equilíbrio com ausência de posições privilegiadas

Este fundamento consiste em quantidades de empresas fornecedoras de um mesmo produto, porém, sem posições privilegiadas, o que garante a competitividade e o elevado nível de competência operacional entre as empresas participantes do aglomerado (ZACCARELLI *et al.*, 2008, p. 76).

(A) Métrica proposta pelo modelo Zaccarelli et al. (2008):

"Número de negócios representados pelas mesmas operações ou setores de atuação."

Quantidade perceptível de negócios com o mesmo segmento (atividade-fim), garantindo a competitividade do *cluster*.

(B) Aplicação no *cluster* de essências da Sé*:*

De acordo com a percepção dos gestores e proprietários de lojas concentrados no *cluster* foco da pesquisa, a nota atribuída para este fundamento consiste em 4,28 (evidenciando que as empresas localizadas na região não dispõem de posições privilegiadas – o que garante o fator competitividade no aglomerado).

O quarto fundamento **"Equilíbrio com ausência de posições privilegiadas**" refere-se ao número de comerciantes locais operando sob as mesmas finalidades (essências, embalagens etc.) sem posições privilegiadas, ou seja, as empresas que se encontram naquela região possuem basicamente os mesmos direitos, inclusive disputando os mesmos clientes. Isso significa que não importa se uma empresa está no local há exatos cinco anos, e de repente chegar outra empresa (a disputa vai ser de igual para igual), claro que a primeira empresa vai dispor de uma carteira de clientes bem maior, contudo, não há nada que impeça a nova empresa de disputar os mesmos clientes, pois não há posições privilegiadas e sim um equilíbrio no *cluster*.

Para esse fundamento a nota atribuída pelos comerciantes locais foi de 4,28. Em uma escala de 1 a 5 a nota de 4,28 se torna bem alta, evidenciando que as empresas localizadas na região não dispõem de posições privilegiadas, o que garante o fator competitividade no aglomerado.

Por fim, os demais fundamentos analisados foram caracterizados sob o mesmo processo (uma pergunta acompanhada de uma nota) para no final poder atribuir uma média. Em alguns casos, também foram inseridas tabelas para facilitar a compreensão do leitor sobre o dado apresentado.

Ao final do livro, segue o modelo de artigo completo, com as análises de todos os fundamentos, a fim de facilitar e ampliar o processo de compreensão do leitor.

A seguir serão apresentadas as considerações finais de um artigo científico, tentando demonstrar de forma clara e objetiva o processo de finalização do seu estudo.

Capítulo 7

Considerações finais

7.1 Processo de construção das considerações finais

As considerações finais apresentam para o leitor as conclusões da sua pesquisa. Isso não significa que você atingiu o objetivo supremo de esgotar o assunto pesquisado, na verdade essa nunca foi de fato a intenção do artigo. Nas considerações finais são apresentados os "achados" da sua pesquisa, o que o pesquisador observou de importante, dados encontrados na pesquisa, suas contribuições e possíveis limitações.

Ao descrever as suas considerações finais é importante estabelecer uma relação entre o seu problema de pesquisa ou a sua questão central de pesquisa. Um bom modelo de conclusão deve apontar as possíveis limitações da sua pesquisa. Entendem-se como limitações as possíveis fraquezas da sua pesquisa, ou alguma parte que a sua pesquisa não detalhou por "n" motivos. A conclusão também serve para sugerir a realização de novas pesquisas sob um novo formato, sob uma nova perspectiva ainda não explorada. Dessa forma, as possíveis limitações da sua pesquisa podem ao mesmo tempo se tornar uma sugestão para a realização de futuros estudos. Em negrito estão classificadas as informações mais importantes e os principais "achados" destacados no presente artigo.

Exemplo de considerações finais descritas no artigo utilizado para construção do livro:

CONSIDERAÇÕES FINAIS

O presente artigo teve como objetivo primário identificar a existência de um modelo de *cluster* comercial (essências) localizado no bairro da Sé – região central de São Paulo. A pesquisa consiste em um estudo de caráter exploratório e qualitativo verificando operacionalmente as métricas desenvolvidas por Zaccarelli *et al.* (2008) aplicadas ao *cluster* comercial de essências. Estar localizado em um modelo de *cluster* traz vantagens para os comerciantes, criando diferencias de competitividade e possibilitando vantagens econômicas para o território no qual o *cluster* está inserido como: valorização territorial e desenvolvimento de infraestruturas.

Segue como objetivo secundário avaliar a sua competitividade (vantagem competitiva) percebida entre os atores (comerciantes) inseridos no local. Assim, estar localizado em um modelo de *cluster* já pode ser classificado como uma vantagem competitiva, tendo em vista que atuar comercialmente de forma isolada as vantagens se perderiam quando confrontadas com o potencial de fluxo de pessoas, cooperação e cultura local.

Os principais resultados encontrados na pesquisa foram os seguintes: i) concentração geográfica; ii) abrangência de novos negócios viáveis e relevantes ao *cluster*; iii) especialização das empresas iv) equilíbrio com ausência de posições privilegiadas e v) cultura da comunidade adaptada ao *cluster*. Tais resultados **criam vantagens para os comerciantes locais inseridos no aglomerado**, com nítidas vantagens de localização.

Como aspectos de vantagem competitiva seguem as seguintes informações: baixo volume de complementaridade por utilização de subprodutos e ausência de cooperação entre os atores do *cluster*. Também ficou evidenciada a inexistência de um agente supraempresa (governança) para orientar de forma deliberada e trazer melhorias para o *cluster*. **Pode-se concluir que na região da Sé – centro de São Paulo se configura um modelo de *cluster* comercial com suas atividades voltadas para a comercialização de essências, embalagens e seus produtos correlatos, contudo, o *cluster* ainda requer um maior desenvolvimento e processos de interação conjunta entre seus atores.**

Esta pesquisa deve reconhecer que seus resultados não podem ser direcionados para outros modelos de *clusters* comerciais, havendo a necessidade de se mensurar as métricas propostas por Zaccarelli *et al.* (2008) novamente. Sendo assim, **a pesquisa abre possibilidades para que seus estudos sejam replicados e que futuras avaliações sejam refeitas, deste modo, comprovando as métricas propostas por Zaccarelli *et al.* (2008) por meio de contínuos estudos, a fim de buscar contínuas contribuições para a teoria.**

A seguir serão apresentadas as referências de um artigo científico, como descrevê-las de forma correta, contemplando as pesquisas realizadas em periódicos nacionais, periódicos internacionais, monografias, dissertações, teses, eventos, livros e referências da internet.

Capítulo 8

Referências

8.1 Normas para construção das referências

Todo texto científico utilizado como fonte de dados para sua pesquisa precisará ser referenciado ao final de seu artigo. Do contrário estará cometendo o crime de plágio, quando não se mencionam os textos utilizados em sua pesquisa, como forma de fornecer os créditos aos respectivos autores, além de proporcionar uma boa base de dados para os futuros leitores de seu artigo.

Nesse breve e último capítulo, pretende-se apresentar ao leitor os diferentes modelos de referências utilizados para construção de um artigo científico, podendo ser extraídas de **livros científicos, revistas acadêmicas (nacionais e internacionais), sites governamentais**, **marco legal (leis e decretos), monografias, dissertações e teses**. A ideia consiste em apresentar ao aluno a forma correta de referenciar os textos que serviram de base para a elaboração de seu artigo.

Também se faz necessário observar as normas da Associação Brasileira de Normas Técnicas – ABNT, para descrever as suas referências de forma correta.

Verifique:

ABNT – NBR6023

Abaixo seguem alguns exemplos de formatos de referências (alguns exemplos foram retirados do próprio artigo, outros foram exemplos extraídos de uma dissertação):

- **Exemplos de referências em periódicos**

SABÓIA, João. Descentralização industrial no Brasil na década de 90: um processo dinâmico e diferenciado regionalmente. **Nova Economia**, v.11, n.2, p. 85-122, dez. 2001.

XAVIER, Maria de Lourdes Peixoto; SOUZA, Ana Claudia Mendes; RODRIGUES, Juliana Pedreschi; BRESCIANI, Luis Paulo. O novo perfil econômico do Grande ABC. **Organização em Contexto**. São Paulo, Ano 3, v. 6, p.103-122, dez. 2007.

- **Exemplos de referências em monografias, dissertações, teses**

COSTA, Esdras da Silva. **Cooperação universidade-empresa: um estudo sobre as relações entre IES e empresas da região do grande ABC**. São Caetano do Sul, Universidade Municipal de São Caetano do Sul – USCS, Programa de Pós-Graduação em Administração – PPGA, 2016. Disponível em: < http://repositorio.uscs.edu.br/bitstream/123456789/925/2/DISSERTACAO_Esdras%20da%20Silva%20Costa.pdf>. Acesso em: 14 dez. 2016.

SEGATTO-MENDES, Andréa Paula. **Análise do processo de cooperação tecnológica universidade-empresa: um estudo exploratório**. São Paulo, Faculdade de Economia, Administração e Contabilidade – FEA/USP, Programa de Pós-Graduação em Administração, 1996. Disponível em: <http://www.teses.usp.br/teses/disponiveis/12/12131/tde-04052006-215518/en.php>. Acesso em: 06 jul. 2015.

- **Exemplos de referências em eventos**

AGUIAR, Helder de Souza; PEREIRA, Cristina Espinheira Costa; DONAIRE, Denis. Polo varejista do bom retiro: *cluster* de negócios da moda. **SIMPOI**, p.1-16, São Paulo, 2014.

SIQUEIRA, João Paulo Lara; GUIMARÃES, Carlos Inácio Maradei; DONAIRE, Denis; RIMONATO, Irene Pereira de Oliveira; CARELLI, Teresinha de Jesus. Clusters Comerciais: Uma Realidade Estratégica no Varejo. **CLAV – 3º Congresso Latino-Americano de Varejo, Fundação Getúlio Vargas**, p. 16, São Paulo, 2010.

- **Exemplos de referências em livros**

GIL, Antonio Carlos. **Como elaborar projetos de pesquisa**. 5.ed. São Paulo: Atlas, 2010.

ZACCARELLI, Sergio Baptista; TELLES, Renato; SIQUEIRA, João Paulo Lara; BOAVENTURA, João Mauricio Gama; DONAIRE, Denis. **Clusters e redes de negócios:** uma nova visão para a gestão dos negócios. São Paulo: Atlas, 2008.

- **Exemplos de referências retiradas da internet**

INEP. Instituto Nacional de Estudos e Pesquisas Educacionais Anísio Teixeira. **Instituições de Educação Superior e Cursos Cadastrados**. Disponível em:<http://emec.mec.gov.br/>. Acesso em: 19 dez. 2014.

USP. **Banco de Patentes da Universidade de São Paulo – USP - Brasil.** Disponível em: <https://ageuspi.uspdigital.usp.br/inovacao/Banco_Patentes/_layouts/viewlsts.aspx?BaseType=1>. Acesso em: 25 fev. 2015.

A seguir serão apresentados locais para submissão de seu trabalho científico, sendo caracterizados por congressos, seminários, simpósios de pesquisas e periódicos acadêmicos.

Capítulo 9

Periódicos, congressos, seminários e simpósios de pesquisas para submissões

9.1 Onde submeter seu artigo científico?

Nesse capítulo pretende-se apresentar para o aluno os possíveis locais onde ele possa submeter o seu artigo científico para a comunidade acadêmica. Serão apresentados revistas científicas e eventos como congressos científicos, seminários e simpósios de pesquisas, com o intuito de auxiliar o aluno mediante uma futura submissão de seu artigo.

Dessa forma, o conhecimento originado de uma pesquisa deve ser transmitido para os seus pares, deve ser repassado, para que se possa dar continuidade ao ciclo de pesquisas. Tendo essa ideia como premissa, submeter um artigo científico a uma revista acadêmica ou para um evento científico é observado como uma boa oportunidade para o autor compartilhar seus resultados e sua contribuição a seus pares.

Aqui são apresentados alguns exemplos de eventos e periódicos acadêmicos para que você possa se familiarizar, com uma breve descrição do tipo de evento e seus temas de interesses (foco do evento). Também são apresentadas algumas revistas científicas, demonstrando que existe toda uma infraestrutura para que os pesquisadores possam apresentar seus trabalhos científicos e divulgá-los no meio acadêmico. Torna-se interessante como um primeiro passo submeter seu artigo para um evento científico (seminário, congresso ou simpósio), recebendo críticas e sugestões sobre o que você se propôs a escrever. Posteriormente, após as correções e contribuições do evento seu trabalho estará mais robusto para submetê-lo em uma revista científica, trata-se de uma espécie de refinamento do artigo, a fim de melhorá-lo ainda mais, antes da submissão em uma revista científica. Dessa forma, dando continuidade ao processo de geração do conhecimento e novas contribuições sob o formato de pesquisa.

9.2 Exemplos de eventos científicos (congressos, seminários e simpósios de pesquisa)

A seguir são apresentados eventos científicos caracterizados como congressos, seminários e simpósios de pesquisas para que o leitor possa se familiarizar com as suas denominações e posteriormente direcionar seus trabalhos científicos para avaliação de seus respectivos pares. Os eventos vêm acompanhados de suas respectivas datas de realização, porém, para mais informações quanto a datas-limite de submissão, inscrições e apresentações é importante o leitor realizar uma consulta prévia via internet, pois os eventos são divulgados sob forma eletrônica por meio de seus *sites* e de *sites* institucionais.

ENANPAD – Encontro da Associação Nacional de Pós-Graduação e Pesquisa em Administração (evento anual)

O EnANPAD é um evento anual realizado pela ANPAD – Associação Nacional de Pós-Graduação e Pesquisa em Administração, com seu foco destinado às pesquisas em administração e áreas afins. Os interessados podem submeter seus trabalhos sob os seguintes formatos: teórico-empíricos, ensaios teóricos, casos para ensino e artigos tecnológicos. Trata-se de um espaço para interação entre os pares da administração, proporcionando debates, críticas e um constante aperfeiçoamento profissional. O EnANPAD também é considerado o segundo maior evento científico de administração do mundo.

Mês de realização do evento: Setembro

SemeAd – Seminário em Administração FEA/USP (evento anual)

O SemeAd é um evento anual realizado na Faculdade de Economia e Administração (FEA - USP). O evento é organizado pelo Programa de Pós-Graduação em Administração e Contabilidade da Universidade de São Paulo (FEA-USP). O SemeAd é uma oportunidade para estudantes de graduação, pós-graduação, professores e profissionais envolvidos com administração e contabilidade, além de áreas correlatas a submeterem seus trabalhos científicos de acordo com as áreas temáticas abordadas no evento.

Mês de realização do evento: Novembro

ENGEMA – Encontro Internacional Sobre Gestão e Meio Ambiente (evento anual)

O Encontro Internacional sobre Gestão Empresarial e Meio Ambiente (ENGEMA) é um evento anual também realizado pela Faculdade de Economia e Administração (FEA - USP). O evento possui como objetivo reunir profissionais, pesquisadores, gestores públicos e empresários com sua abordagem em gestão ambiental nas empresas. Também são objetivos do evento debater e divulgar trabalhos científicos envolvidos com a temática sustentabilidade (foco do evento), além de proporcionar o processo de *fast track* para os melhores trabalhos submetidos ao evento.

Mês de realização do evento: Novembro

CONAD – Congresso Nacional de Administração (evento anual)

O congresso Nacional de Administração (CONAD) é um evento anual realizado pela Associação Goiana de Administração – AGAD, evento realizado em Goiânia – GO. O evento é composto por atividades de conferências, palestras, painel de gestão e apresentação de trabalhos científicos (artigos). O CONAD também proporciona ao congressista a possibilidade de *network*, além de agregar atualização nas áreas de inovação, tecnologia e gestão.

Mês de realização do evento: Outubro

CLAV – Congresso Latino-Americano de Varejo (evento anual)

O Congresso Latino-Americano de Varejo (CLAV) é um evento realizado pela Fundação Getúlio Vargas - Escola de Administração de Empresas de São Paulo – FGV/EAESP. O congresso tem como objetivo promover a divulgação de conhecimento no setor de varejo, em uma perspectiva latino-americana e internacional. O congresso também objetiva integrar as atividades acadêmicas promovendo a articulação a apresentações de trabalhos científicos a fim de disseminar o conhecimento. Seu público-alvo é caracterizado por pesquisadores, docentes, alunos de graduação e de programas de pós-graduação, profissionais do varejo e afins.

Mês de realização do evento: Outubro

SPGABC – Simpósio de Pesquisa do Grande ABC (a cada dois anos - pares)

O Simpósio de Pesquisa do Grande ABC é um evento científico interdisciplinar, realizado a cada dois anos. O evento é realizado em uma ação conjunta entre as seguintes instituições de ensino: Centro Universitário da FEI (FEI), Centro Universitário do Instituto Mauá de Tecnologia (Mauá), Centro Universitário Fundação Santo André (FSA), Faculdade de Medicina do ABC (FMABC), Universidade Federal do ABC (UFABC), Universidade Metodista de São Paulo (UMESP) e Universidade Municipal de São Caetano do Sul (USCS). O evento é aberto a pesquisadores, docentes, alunos de graduações e de programas de pós-graduação e alunos de programas de Iniciação Científica, possibilitando a interação acadêmica e a divulgação das pesquisas realizadas.

Mês de realização do evento: Outubro

SINGEP – Simpósio Internacional de Gestão de Projetos, Inovação e Sustentabilidade (evento anual)

O Simpósio Internacional de Gestão de Projetos, Inovação e Sustentabilidade (SINGEP) é um evento realizado pela Universidade Nove de Julho – UNINOVE e tem como principal objetivo ampliar o espaço para a discussão das temáticas envolvendo Gestão de Projetos, Inovação e Sustentabilidade. O simpósio é direcionado a acadêmicos e profissionais que buscam estabelecer um contato entre a prática e a teoria das áreas de Gestão de Projetos, Inovação e Sustentabilidade. O simpósio também proporciona um espaço de relevância e interação para as discussões de caráter científico e tecnológico, além de proporcionar o *network* entre docentes e discentes no intuito de ampliar a formação dos profissionais.

Mês de realização do evento: Novembro

Colóquio de Redes, Estratégia e Inovação (evento anual)

O Colóquio de Redes, Estratégia e Inovação **é** um evento realizado pelas instituições **Universidade Federal de Lavras – UFLA e Universidade Paulista – UNIP.** O Colóquio de Redes, Estratégia e Inovação é um evento científico realizado pelo GEREI (Grupo de Estudos em Redes, Estratégia e Inovação) da Universidade Federal de Lavras – UFLA, em parceria com o Programa de Mestrado em Administração da Universidade Paulista – UNIP. O evento ocorre anualmente e possui como objetivo fortalecer o campo de estudos em Redes, Estratégia, Relações Interorganizacionais, Gestão do Conhecimento, Tecnologia e Inovação. Trata-se de uma oportunidade para divulgar artigos científicos desenvolvidos com base nas temáticas elencadas acima.

Mês de realização do evento: Novembro

Congresso UFABC de Empreendedorismo (evento anual)

O Congresso UFABC de Empreendedorismo é um evento realizado pela Universidade Federal do ABC (UFABC) e tem como objetivo a divulgação de trabalhos científicos relacionados aos eixos temáticos de Empreendedorismo, Gestão & Negócios e Inovação. O evento reúne pesquisadores, docentes, discentes, empresários e afins, além de proporcionar um compartilhamento de ideias e experiências sob a exposição dos trabalhos científicos.

Mês de realização do evento: Novembro

9.3 Exemplos de periódicos acadêmicos (revistas acadêmicas)

Assim como nos eventos, que possuem suas temáticas relacionadas à pesquisa, as revistas acadêmicas possuem publicações personalizadas, atendendo a suas respectivas áreas de interesse, como exemplo revistas sobre gestão e regionalidade, revistas sobre sustentabilidade, revistas sobre administração de empresas e sobre administração pública. A seguir serão expostos alguns exemplos de revistas científicas nacionais e internacionais, cabendo ao leitor também realizar uma consulta prévia em seus respectivos *sites* para efeitos de futuras submissões de seus trabalhos científicos.

REGE – Revista de Gestão (tipo de publicação: trimestral)

A REGE, Revista de Gestão, é uma publicação para divulgação de trabalhos de natureza acadêmica relacionados a temas da Administração de Empresas.

Objetivo: Colaborar para a disseminação do conhecimento por meio da publicação de trabalhos que atendam a critérios de qualidade científica e relevância na área de Administração. Busca ainda obter diversidade e abrangência nos temas publicados, bem como na origem geográfica dos autores, de modo a garantir uma cobertura ampla da pesquisa em Administração realizada em nível nacional (REGE, 2016).

RAUSP – Revista de Administração (tipo de publicação: trimestral)

A Revista de Administração é um periódico acadêmico-científico voltado à disseminação de trabalhos que contribuam para o avanço do conhecimento da área e agreguem valor ao trabalho de acadêmicos e praticantes de Administração.

Objetivo: Divulgar artigos de autores nacionais e estrangeiros, selecionados com base em critérios de originalidade, qualidade e criatividade, em um processo de *double blind review* (RAUSP, 2016).

Revista Cientifica Hermes – FIPEN (tipo de publicação: semestral)

A Revista Científica Hermes é um periódico que proporciona a difusão científica de caráter multidisciplinar.

Objetivo: Publicar pesquisas de reconhecido rigor teórico, relevância intelectual e científica na área das Ciências Sociais Aplicadas com ênfase em Administração (HERMES, 2016).

Gestão e Regionalidade – USCS (tipo de publicação: quadrimestral)

A G&R foi lançada em setembro de 1983, com o título de Revista IMES. A partir de julho de 2000 passou a se chamar Revista IMES Administração. A partir do ano de 2005, foi adotada a denominação "Gestão & Regionalidade", consolidando-se alinhamento entre a publicação e a linha de pesquisa do Programa de Mestrado em Administração da Universidade Municipal de São Caetano do Sul.

Objetivo: A Gestão & Regionalidade é uma revista científica que contribui para a geração e disseminação de conhecimento na área de Administração de Empresas, considerando-se as subáreas tradicionais desta área de conhecimento, acrescidas da área denominada Estudos da Regionalidade (G&R, 2016).

RAE – Revista de Administração de Empresas (tipo de publicação: bimestral)

A Revista de Administração de Empresas – RAE, publicada pela Fundação Getúlio Vargas, Escola de Administração de Empresas de São Paulo, é a primeira revista científica brasileira na área, lançada em maio de 1961. É um periódico pioneiro, de vanguarda e vem se consolidando como uma publicação de referência no meio acadêmico-científico, destacando-se nos níveis mais altos de padrão de qualidade e rigor acadêmico.

Objetivo: A RAE é uma revista generalista na área de Administração, voltada a professores, pesquisadores e estudantes (RAE, 2016).

RAP – Revista de Administração Pública (tipo de publicação: bimestral)

Criada em 1967, a Revista de Administração Pública - RAP é um dos mais importantes e influentes periódicos da área de Administração Pública.

Objetivo: A revista concentra esforços para servir de instrumento indispensável ao aperfeiçoamento continuado de pesquisadores, professores, gestores e atores sociais e políticos comprometidos com a efetividade e a equidade da ação pública (FGV/EBAPE, 2016).

Revista Espacios – Revista Arbitrada de Gestión tecnológica (tipo de publicação: trimestral)

A Revista Espacios é uma publicação trimestral da Associação para o Desenvolvimento da Ciência e Tecnologia.

Objetivo: Abordar temas multidisciplinares e publicar artigos sobre Política e Gestão de Ciência e Tecnologia da Educação (ESPACIOS, 2016).

RAM – Revista de Administração Mackenzie (tipo de publicação: bimestral)

A Revista de Administração Mackenzie é uma publicação do Centro de Ciências Sociais e Aplicadas (CCSA) e do Programa de Pós-Graduação em Administração da Universidade Presbiteriana Mackenzie.

Objetivo: O periódico abre espaço para a divulgação de trabalhos que contribuam cientificamente para o conhecimento da gestão eficaz de negócios em ambiente globalizado e de alta competitividade, envolvendo a participação de docentes da Universidade Presbiteriana Mackenzie e de outros centros de excelência interessados nesses assuntos (RAM, 2016).

REBRAE – Revista Brasileira de Estratégia (tipo de publicação: trimestral)

A Revista Brasileira de Estratégia é um periódico que publica pesquisas que envolvem os aspectos da gestão estratégica. Criada em 2008 pelo Programa de Pós-Graduação em Administração de Empresas da Pontifícia Universidade Católica do Paraná (PUCPR). Seu público leitor abrange pesquisadores, professores, estudantes de pós-graduação e profissionais interessados nessa área de conhecimento.

Objetivo: Publicar artigos originais e inéditos que promovam a divulgação de estudos e pesquisas relacionadas a questões de estratégia empresarial, com ênfase em pesquisas empíricas ou teóricas, bem como diversas metodologias e abordagens (REBRAE, 2016).

Artigo completo utilizado na construção do livro

Para a construção deste livro foi utilizado o artigo a seguir, a sua ideia base consiste em apresentar ao leitor as etapas necessárias para a elaboração do texto científico e posteriormente presenteá-lo com o artigo na íntegra, para que o leitor possa compreender tudo o que foi descrito anteriormente e em seguida verificar o resultado final da obra, tendo como base o artigo exposto como exemplo.

OS EFEITOS DA COMPETITIVIDADE EM MODELOS DE CLUSTERS COMERCIAIS: PESQUISA EXPLORATÓRIA ACERCA DO CLUSTER DE ESSÊNCIAS LOCALIZADO NO BAIRRO DA SÉ – SÃO PAULO

THE EFFECTS OF COMPETITION IN BUSINESS CLUSTERS MODELS: EXPLORATORY RESEARCH ABOUT THE CLUSTER OF ESSENCES LOCATED IN THE NEIGHBORHOOD OF SÉ – SÃO PAULO CITY

RESUMO

O presente trabalho teve por objetivo geral identificar as principais características de um modelo de *cluster* comercial (essências) localizado no bairro da Sé, região central de São Paulo. Seu objetivo secundário descreve acerca da competitividade percebida entre os atores do *cluster* no atual modelo de aglomeração com seu propósito final voltado para o contexto comercial, propondo aplicar as métricas criadas por Zaccarelli *et al.* (2008), envolvendo aspectos de competitividade entre as empresas localizadas no *cluster* e suas vantagens obtidas mediante o efeito da aglomeração. A pesquisa também se justifica por uma ausência de análise de concentrações geográficas de atividades varejistas comerciais, sendo exploradas em sua grande maioria por aglomerações industriais com alto poder de impacto sobre seu território. A metodologia utilizada para a pesquisa parte de um estudo qualitativo exploratório, discorrendo acerca das características do fenômeno estudado e de seu universo amostral, constituído por 21 comerciantes do segmento de essências concentrados na região central da cidade de São Paulo. Os resultados observados estão de acordo com o paradigma de que estar localizado em um modelo de *cluster* pode trazer vantagens competitivas para os atores locais, e que tal aglomeração pode ser interpretada como aspecto positivo, quando defrontado com modelos similares de comércios em condições locacionais isoladas.

Palavras-chave: *Cluster* Comercial; Competitividade; Vantagem Competitiva Local.

ABSTRACT

This work had the general objective of identify the key features of a commercial cluster model (essences) located in the neighborhood of Sé in São Paulo city. Its secondary objective describes about the perceived competitiveness between the cluster actors in the current model of agglomeration with its ultimate purpose facing the commercial context, proposing to apply the metrics created by Zaccarelli et al. (2008), involving aspects of competitiveness among companies located in the cluster and its advantages obtained by the effect of agglomeration. The research is also justified by a lack of analysis of geographical concentrations of commercial retail activities, being exploited mostly by industrial clusters with high power impact on its territory. The methodology used for the research is an exploratory qualitative study, describing about the characteristics of the studied phenomenon and of its universe composed by 21 traders of the essence segment concentrated in the central region of São Paulo city. The observed results are in agreement paradigm that being located in a cluster model can bring competitive advantages for local actors, and that such agglomeration can be interpreted as positive when faced with similar models of trades in isolated locational condition.

Keywords: Business Cluster; Competitiveness; Local Competitive Advantage.

1 INTRODUÇÃO

As alterações ocorridas no decorrer do século XX, perceptíveis frente às mudanças com aspectos globais, estão relacionadas com a introdução de novos formatos e práticas comerciais, assim como, à reconfiguração dos formatos produtivos (ligados a uma reestruturação produtiva) e introdução permanente de novas tecnologias (BRUSCO *et al.*, 1996; SABÓIA, 2001).

Os estudos relacionados à teoria dos *clusters* surgem sob forma incipiente nas contribuições teóricas de Marshall (1982). E nesta perspectiva, denominados de distritos industriais, ou distritos *Marshalianos*, ainda visualizados como estudos prematuros, porém, com forte influência, caracterizando o princípio de vantagem locacional (posicionamento geográfico das empresas).

Posteriormente, Porter (1989; 1998) e Schmitz (1992) contribuem com novas abordagens teóricas, enfatizando a obtenção de vantagens competitivas para empresas localizadas em formato de *cluster*, as quais obtêm melhores resultados e diferenciais competitivos frente aos seus principais concorrentes. Em uma concepção contemporânea, Zaccarelli *et al.* (2008) destacam a importância da denominação *clusters* comerciais, sob uma ótica nacional, contribuindo, assim, com o surgimento de diversos estudos relacionados à importância de aglomerações comerciais e suas vantagens competitivas sobre atores em localizações isoladas.

O surgimento dos *clusters* de acordo com Donaire *et al.* (2013) pode ser compreendido como aglomerações que surgem de um comportamento espontâneo, criados sob forma natural, desse modo, os lojistas vão se inserindo na localidade espontaneamente, atraídos pela forte presença de consumidores na região. Os *clusters* também são criados sob forma planejada, movidos por interesses econômicos a exemplo de grandes *shoppings centers*, os quais são criados com a intenção de concentrar um alto volume de lojistas no mesmo local, e com isso conseguir atração de clientes. Os estudos sobre *clusters* comerciais ainda possuem certa prematuridade no campo da administração, sendo justificada a sua exploração e contextualização, buscando possíveis contribuições frente às teorias existentes por meio da consolidação de pesquisas e avanços teóricos acerca das teorias sobre *clusters*.

O objetivo central do trabalho é identificar a existência de um modelo de *cluster* comercial (essências) localizado no bairro da Sé – região central de São Paulo. Segue como objetivo secundário avaliar a sua competitividade (vantagem competitiva) percebida entre os atores (comerciantes) inseridos no local. A pesquisa é de caráter qualitativo exploratório, discorrendo acerca da formação de *clusters* comerciais por meio do uso das métricas desenvolvidas por Zaccarelli *et al.* (2008). Entre as teorias elencadas no atual campo de estudo deve-se destacar as contribuições de Marshal (1982), Schmitz (1992), Porter (1998), Zaccarelli *et al.* (2008), Siqueira *et al.* (2010)

e Donaire *et al.* (2013).

A estrutura desta pesquisa está dividida em cinco seções, incluindo-se a sua introdução como seção primeira, referencial teórico frente ao tema abordado como seção segunda, metodologia de pesquisa, seção terceira, avaliação das métricas propostas por Zaccarelli *et al.* (2008) e suas análises para efeito de pesquisa como seção quarta e por fim suas considerações finais classificadas como quinta seção.

2 REFERENCIAL TEÓRICO

O referencial teórico elencado aborda os conceitos de *clusters* e *clusters* comerciais, com ênfase para a evolução do conceito ao longo dos anos, assim como, dispõe de quadros e figuras para visualização e interpretação das informações descritas sob a ótica da pesquisa.

2.1 Clusters

O termo *cluster*, traduzido para o português brasileiro significa aglomeração, sendo representado originalmente por uma corrente econômica, destacando as contribuições de Marshall no final do século XIX.

A utilização correta do termo "produto social" refere-se à produção e consumo em certa localidade e período de tempo, seguindo as bases econômicas em uma linha neoschumpeteriana, que está ligada ao desenvolvimento regional, sendo admissível para compreender que cada indivíduo tem sua parcela de contribuição perante uma atividade econômica regional (SCHUMPETER, 1964).

Os distritos industriais italianos ou, tradicionalmente reconhecidos por distritos *Marshallianos*, destacam os modelos de *clusters* como uma importante pré-condição para o sucesso competitivo das regiões com fortes traços de desenvolvimento (KLINK, 2003), além de suas vantagens locacionais oriundas de sua localização territorial, criando atributos positivos para o efeito de aglomeração e princípio de vantagem competitiva (MARSHALL, 1982).

A denominação de *cluster* pode ser compreendida como uma ilustração real do mapa econômico mundial. *Clusters* são concentrações territoriais, abrangendo uma determinada área geográfica, com ganhos perceptíveis em atividades correlatas, competitividade, processos de inovação e associações empresariais (PORTER, 1998). Os *clusters* revelam uma mútua dependência e responsabilidade coletiva de todos os atores envolvidos em um processo de aglomeração, as empresas localizadas em modelos de *cluster* devem criar as suas próprias condições de produção e competição (PORTER, 1998), contudo, os processos de cooperação também devem ser enfatizados como alianças estratégicas desenvolvidas entre empresas.

Os processos de concentração de empresas criam atributos positivos, proporcionando retornos crescentes de capital e conhecimentos específicos (*know-how*). Essa abordagem teórica envolvendo a inovação e a capacidade para competitividade em *cluster* consiste em um processo de aglomeração territorial, evidenciando relações diretas entre concentração geográfica, terceirização de serviços, fornecedores trabalhando de forma integrada, facilidade para entrada de novas empresas e acesso à informação (SCHIMITZ, 1999).

O território e sua disponibilidade de serviços existentes criam infraestruturas básicas como: força de trabalho qualificada, redes de fornecedores e de clientes, além de eficiência organizacional (LLORESNS, 2001), na concepção do Serviço de Apoio às Micro e Pequenas Empresas de São Paulo – SEBRAE (2002). Os *clusters* possuem uma forte proximidade geográfica, tendo em comum as mesmas dinâmicas econômicas e/ou sendo correlatas por complementaridade em seus modelos empresariais.

Os *clusters* podem surgir de forma espontânea, quando empresas localizadas em uma determinada área evidenciam a criação de um sistema fechado, com efeitos positivos acerca de sua competitividade, estimulando um fluxo constante de pessoas sob aspectos naturais (localização geográfica). Ou surgir de uma forma planejada, sob as mesmas vantagens e percepções, contudo fica clara a definição prévia do local ou agrupamento (ZACCARELLI, *et al.*, 2008). Para Gaspar *et al.* (2014), os *clusters* possuem um conjunto de atividades importantes, as quais estão ligadas a suas operações, tais como: fornecedores, componentes, produtos complementares, serviços e infraestrutura, constituindo vantagens competitivas para a sua formação, processo este proveniente do aglomerado.

2.2 Clusters Comerciais

Os períodos econômicos partem da premissa de que todos vivem de bens consumidos em períodos precedentes e nesta concepção a ideia de compradores (ciclo econômico) descreve que, até mesmo quem detém os meios de produção (o ato de produzir), se torna um consumidor em período precedente (SCHUMPETER, 1964).

Zaccarelli *et al.* (2008) descrevem acerca de suas contribuições por meio da elaboração de um modelo para avaliação de *cluster* comerciais, denominado como modelo de Zaccarelli. As métricas criadas pelo autor enfatizam 11 fundamentos e seus efeitos na competitividade, contendo nove fundamentos oriundos do próprio modelo de *cluster* e dois fundamentos originários de um processo de governança orientado para o *cluster* (ação supra- empresa).

Os *clusters* comerciais consolidam-se como uma realidade contemporânea nos diversos modelos de varejo. Em sua denominação original, os estudos sobre *clusters* eram exclusivamente destinados para ambientes industriais. Posteriormente as concentrações de varejo foram percebidas como uma realidade comercial, a qual também possuía um empirismo do qual se necessitava o surgimento de uma corrente teórica (SIQUEIRA *et al.*, 2010). Assim, o surgimento de um *cluster* comercial deve estar ligado a fatores correlacionados, criando atividades complementares para as instituições locais, auferindo vantagens de território e ganhos em escala.

Quadro 1 – Exemplos de clusters comerciais em diferentes territórios

Localização	Especialização	Cidade/Município
1. Rua Santa Ifigênia	Eletroeletrônicos	São Paulo
2. Rua do Gasômetro	Madeiras	São Paulo
3. Rua Tabatinguera	Essências para perfumes	São Paulo
4. Rua Oscar Freire	Confecções de luxo	São Paulo
5. Av. Rangel Pestana	Produtos têxteis e correlatos	São Paulo
6. Rua São Caetano	Vestidos de noivas e acessórios	São Paulo
7. Rua José Paulino	Trajes para festas (foco feminino)	São Paulo
8. Barão de Ladário	Confecções têxteis	São Paulo
9. Rua Conde de Sarzedas	Produtos evangélicos	São Paulo
10. Av. Marechal Tito	Automóveis	São Paulo
11. Rua Augusta	Bares e boates	São Paulo
12. Rua Jurubatuba	Móveis	São Bernardo do Campo

Fonte: Elaborado pelos autores (2015)

De acordo com o quadro 1, as localizações se diferem quanto às suas especializações, sendo necessária a criação de estudos para compreensão do fenômeno, o que torna os *clusters* comerciais como uma espécie de complemento para os segmentos industriais (SIQUEIRA *et al.*, 2010). A figura 1 demonstra o processo de desenvolvimento de um modelo de *cluster* comercial e suas etapas para uma plena operacionalização.

Figura 1 – Desenvolvimento de um *cluster* comercial

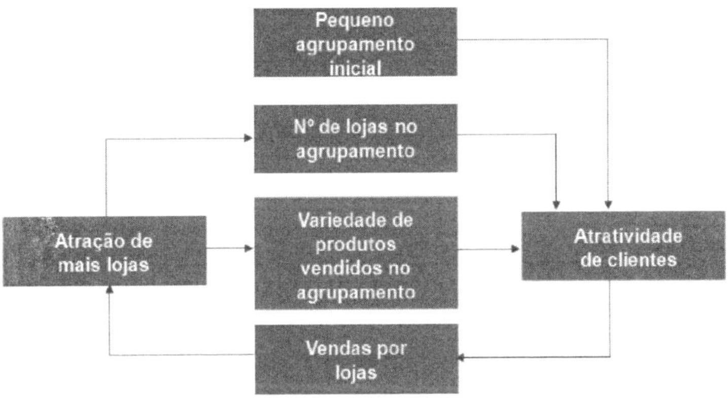

Fonte: ZACCARELLI *et al.* (2008, p. 47)

A figura 1 retrata o surgimento de um pequeno agrupamento inicial de comércios em determinada região, estimulando uma atratividade de clientes, o que consequentemente atrai novos modelos de comércios similares, assim, originalmente surgindo um *cluster* oriundo de uma formação espontânea, tornando o processo em um ciclo virtuoso com vantagens para seus atores locais.

Dentre os modelos apresentados para efeito de pesquisa, destacam-

-se as contribuições de Zaccarelli *et al.* (2008), com a elaboração de 11 fundamentos e seus efeitos na competitividade, sendo apresentados de acordo com o quadro 2.

Quadro 2 – Efeito dos fundamentos sobre a competitividade

Fundamento	**Impacto na competitividade (Efeitos)**
1 Concentração geográfica.	Percepção dos clientes de variedade superior, poder de escolha de fornecedor ampliado e maior confiabilidade de preços.
2 Abrangência de negócios viáveis e relevantes.	Custos de busca e acesso menores para cliente; redução da necessidade de estoques elevados ou prazos de reposição (proximidade de fornecedores).
3 Especialização das empresas.	Especialização dos negócios favorece redução de despesas agregadas de operação e diminuição do volume de investimento necessário.
4 Equilíbrio com ausência de posições privilegiadas.	Lucros equilibrados e não relativamente altos, devido à competição entre os negócios.
5 Complementaridade por utilização de subprodutos.	Favorecimento da presença e estabelecimento de novos negócios e aporte de receita adicional.
6 Cooperação entre empresas do *cluster* de negócios.	Aumento da capacidade competitiva do *cluster* de forma integrada, devido à impossibilidade de contenção de troca de informações entre negócios.

7 Substituição seletiva de negócios do *cluster*.	Extinção de negócios com baixa competitividade por fechamento da empresa ou mudança de controle.
8 Uniformidade do nível tecnológico.	Estímulo ao desenvolvimento tecnológico e, em função da proximidade geográfica e lógica, transferência de tecnologia para os demais negócios.
9 Cultura da comunidade adaptada ao *cluster*.	Aumento da motivação e satisfação com o reconhecimento da comunidade em relação ao *status* atribuído relacionado ao trabalho.
10 Caráter evolucionário por introdução de (novas) tecnologias.	Diferencial competitivo resultante de inovação (com redução de custos, manutenção ou ampliação de mercados, extensão de oferta etc.)
11 Estratégia de resultado orientada para o *cluster*.	Diferencial competitivo gerido sob uma perspectiva da ampliação da capacidade de competir ponderada pelo resultado integrado do *cluster* em termos de lucro agregado.

Fonte: ZACCARELLI *et al.* (2008, p. 24)

Os 11 fundamentos para caracterização de modelos de *clusters* desenvolvidos por Zaccarelli *et al.* (2008) estão subdivididos em duas partes, sendo a primeira correspondente aos fundamentos 1º ao 9º (formação natural dos *clusters* sem intervenção de governança). A segunda parte refere-se aos dois últimos fundamentos (10º e 11º), advindos de um processo de governança, requerendo uma gestão do *cluster* para o seu processo de desenvolvimento.

2.3 Vantagem Competitiva

As aglomerações por si sós já criam um ambiente propício para a vantagem competitiva, com ênfase para o processo de concentração geográfica (MARSHAL, 1982; PORTER, 1980; SCHMITZ, 1992; ZACCARELLI *et al.* 2008). Os fatores determinantes de competitividade incidem diretamente sobre a capacidade de criação e inovação, correlacionados com as contribuições de Schumpeter (1964), quando enfatiza que o processo de desenvolvimento parte de uma situação sem desenvolvimento, posteriormente sendo enfatizado pelas "forças destruidoras de criação", quando uma força criadora destrói processos anteriores, contudo prevalecendo a lógica do desenvolvimento. O quadro 3 descreve um total de 28 efeitos observáveis entre as lojas que compõem um modelo de *cluster*.

Quadro 3 – Efeitos observáveis dos fundamentos de Zaccarelli *et al.* (2008) entre lojas situadas em *clusters*

1.	Maior facilidade para se relacionar com os concorrentes;	**2.**	Mais empresas que vendem produtos ou serviços complementares;
3.	Mais informações sobre produtos novos;	**4.**	Desenvolvimento de uma cultura própria da região;
5.	Mais informações sobre novidades para o seu negócio;	**6.**	Mais cooperação entre as lojas;
7.	Mais notícias sobre o seu negócio;	**8.**	Maior probabilidade de fechamento de lojas não competitivas;
9.	Maior atratividade para os clientes;	**10.**	Maior facilidade para se manter atualizado em tecnologia;
11.	Preços menores;	**12.**	Maior facilidade para aprender com as outras lojas;
13.	Menos necessidade de estoques;	**14.**	Maior facilidade para se relacionar com os fornecedores;

15. Mais variedade de produtos para os clientes;	**16.** Mais apoio dos órgãos públicos (Prefeitura etc.);
17. Mais diversidade de lojas para cada tipo de produto;	**18.** Funcionários mais satisfeitos por trabalharem no local;
19. Prazos menores para os fornecedores e **20.** ntregarem a mercadoria;	**21.** Menos intermediários;
22. Menos despesas no dia a dia;	**23.** Maior facilidade para venda de produtos obsoletos/defasados;
24. Necessidade de investir menos para abrir uma loja;	**25.** Mais facilidade para fazer parte de associações de lojistas;
26. Uma concorrência mais forte do que em lojas "isoladas";	**27.** Mais dificuldade para venda de produtos exclusivos;
28. Mais integração entre as lojas concorrentes;	**29.** Mais facilidade para contratação de mão de obra.

Fonte: SIQUEIRA *et al.* (2010, p. 8)

Os efeitos oriundos do quadro 3 (SIQUEIRA *et al.*, 2008) estimulam a competitividade com traços de integração e variedade de produtos com similaridades. Porter (1989) destaca a competitividade como uma característica dos territórios, usando como fundamento seus setores estratégicos, ou setores econômicos locais, quando enfatiza que os territórios criam os pré-requisitos para a competitividade.

Os *clusters* possuem como resultado a formulação de um pensamento estratégico, sendo suas características os processos de otimização dos recursos em um modelo de sistema fechado, ações para vencer componentes isolados, mudanças de acordo com as oscilações de mercado, construção de espaços para inovação e políticas direcionadas para evitar um processo de *declustering*, falência do *cluster* (ZACCARELLI *et al.*, 2008, p.21-22).

Para Barney e Hesterly (2011) a vantagem competitiva surge por meio de estratégias empresariais, criando valor econômico superior ao de seus rivais, estimulando esforços para reduções de custos com vantagens percebidas frente aos seus clientes. Nesta perspectiva, estar localizado em um modelo de *cluster* já se torna uma vantagem percebida, quando confrontado com seus concorrentes situados em territórios isolados.

Os *clusters* possuem uma ampla capacidade de desenvolver estratégia e auferir vantagens competitivas próprias, considerando sua localização geográfica e as diversas possibilidades de se estabelecer parcerias frente aos atores locais, melhorando o desempenho do aglomerado e sua longevidade territorial (PEREIRA; POLO; SARTURI, 2013). O Quadro 4 descreve acerca da evolução teórica quanto a dinâmica dos *clusters* de acordo com as perspectivas pesquisadas pelos autores elencados a seguir.

Quadro 4 – Contribuições teóricas segundo os modelos de análise dos aglomerados

MARSHAL **Sec. XIX**	**PORTER** **1989**	**SCHMITZ** **1992**	**ZACCARELLI** **2008**
Concentração geográfica; Mais atividades subsidiárias; Disponibilidade de trabalhadores com aptidão; Disseminação da informação; Menos custos para adotar novas tecnologias; Mais capacidade de inovar.	Concentração geográfica; Fornecedores de insumos especializados; Fornecedores de serviços; Instituições financeiras; Presença de empresas de setores correlatos/Fabricantes de produtos correlatos; Associações de empresas; Instituições governamentais; Educação e treinamento; Associações de normatizações.	Concentração geográfica; Presença de empresas de vários tamanhos; Flexibilidade e quantidade e diferenciação de produtos; Presença de terceirização; Fornecedores e prestadores de serviços trabalhando de forma integrada; Facilidade de entrada de novas firmas; Acesso à informação.	Concentração geográfica em áreas relativamente reduzidas; Abrangência de negócios viáveis e relevantes; Especialização das empresas; Equilíbrio com ausência de posições privilegiadas; Complementaridade (de negócios) por utilização de subprodutos; Cooperação entre empresas do *cluster* de negócios; Substituição seletiva de negócios do *cluster*, Uniformidade do nível tecnológico; Cultura da comunidade adaptada ao *cluster*; Caráter evolucionário por introdução de (novas) tecnologias; Estratégia de resultado orientada para o *cluster*.

Fonte: SIQUEIRA *et al.* (2010, p. 7)

De acordo com o quadro 4 nota-se que o princípio de localização geográfica permanece inalterado em todos os modelos de contribuições teóricas, os demais princípios possuem algumas similaridades perceptíveis, contudo, buscando complementações a partir da evolução histórica do conceito.

3 PROCEDIMENTOS METODOLÓGICOS

Esta pesquisa está classificada como qualitativa de caráter exploratório, fazendo uso de um levantamento do atual estado da arte, instrumentos de questionário e aplicação das métricas desenvolvidas por Zaccarelli *et al.* (2008) para caracterizar um modelo de *cluster* comercial na cidade de São Paulo.

A pesquisa qualitativa de acordo com Triviños (1987) destaca a percepção dos pesquisadores sobre informações referentes ao cotidiano da população. Pereira (2010) descreve que a pesquisa exploratória possui a característica de proporcionar uma maior compreensão sobre o fenômeno estudado, contribuindo para estudos posteriores mediante certo grau de entendimento sobre a temática em questão. Para Gil (2010) a pesquisa de caráter exploratório proporciona maior familiaridade acerca do tema estudado, sendo válido considerar levantamento bibliográfico, entrevistas e análise dos dados para compreensão. A figura 2 apresenta o modelo conceitual utilizado, assim como, os procedimentos de coleta de dados e análises para fins de pesquisa.

Figura 2 – Modelo conceitual teórico dos procedimentos metodológicos

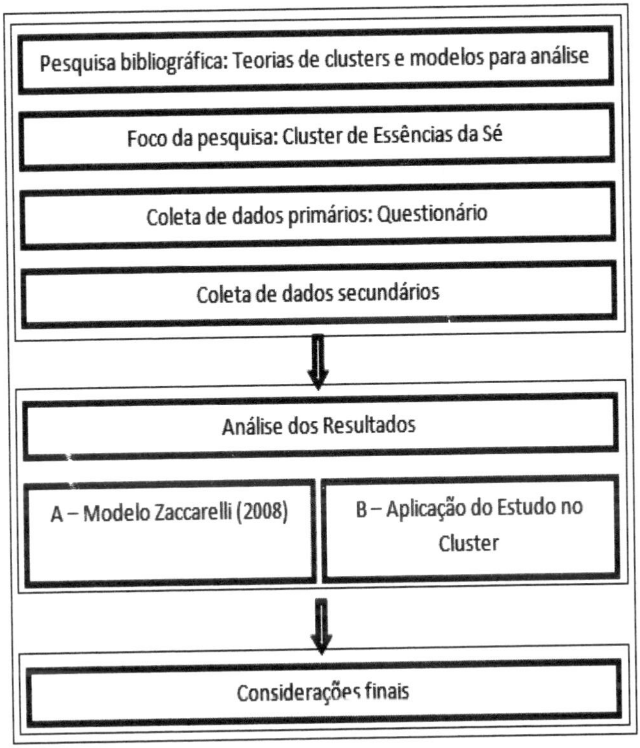

Fonte: Elaborado pelos autores (2015)

De acordo com a figura 2 denominada de modelo conceitual o primeiro passo fora realizar uma pesquisa bibliográfica com revisões em livros e periódicos para fundamentar e descrever o atual estado da arte quanto à teoria de *clusters*. Posteriormente foi realizada uma coleta de dados primários por meio de instrumentos de pesquisa e em sequência consultas a bases secundárias, utilizando-se da plataforma *world wide web*.

Em um primeiro momento foi realizada uma pesquisa com fins exploratórios para levantamento de informações e observação dentro do próprio *cluster*, observando a sua quantidade de lojas, tipos de negócios (similaridades) e fluxo de consumidores. Em um segundo momento foi aplicado um total de 21 questionários para os comerciantes locais, caracterizando seus comércios e respectivas atividades. No modelo de questionário os comerciantes atribuíram notas de 1 a 5 referentes aos 11 fundamentos (sendo 1 a nota mais baixa e 5 a nota mais alta), destacando as seguintes atribuições: 1 não há importância; 2 pouco importante; 3 importante; 4 grau de importância elevado e 5 muito importante, de acordo com o grau de importância atribuído pelos próprios comerciantes concentrados no *cluster*.

Com base nas métricas desenvolvidas por Zaccarelli *et al.* (2008) foram feitas análises dos resultados, assim, proporcionando a mensuração adequada dos dados obtidos perante a pesquisa.

4 ANÁLISE DOS RESULTADOS

Dentre as lojas encontradas no bairro da Sé, município de São Paulo, ocorre uma divisão de segmentação com três diferentes segmentos (porém com atividades correlatas entre as lojas), explicados a seguir:

- Comercialização de essências – 7 lojas
- Comercialização de essências e embalagens – 23 lojas
- Comercialização de embalagens – 5 lojas

4.1 Concentração Geográfica

A concentração geográfica se torna o pré-requisito para a caracterização de um modelo de *cluster* e deste modo as vantagens locacionais criam efeitos de competitividade a partir do momento em que se constatou uma aglomeração territorial (ZACCARELLI *et al.*, 2008, p. 74).

(A) Métricas propostas pelo modelo Zaccarelli *et al.* (2008):

"Quantidade de lojas concentradas no modelo de *cluster*."

Refere-se à quantidade de lojas presentes no *cluster* e sua distância espacial (entorno do *cluster*).

(B) Aplicação no *cluster* de essências da Sé:

Foi identificado um total de 35 lojas com suas operações voltadas para a comercialização de essências e embalagens no bairro da Sé, município de São Paulo. Diante deste fundamento, de acordo com a percepção dos comerciantes em uma medida de 1 a 5 foi atribuída uma nota 4,38 (média), demonstrando que o fator concentração geográfica possui importância elevada para os comerciantes inseridos no território.

4.2 Abrangência de negócios viáveis e relevantes

Para Zaccarelli *et al.* (2008, p. 76) este fundamento surge a partir do grau de incorporação e das atividades das empresas envolvidas no aglomerado, contemplando a existência de relações diretas com fornecedores, os quais também podem estar localizados no entorno do *cluster*.

(A) Métrica proposta pelo modelo Zaccarelli et al. (2008):

"Número de negócios de importância externos, contudo ligados ao *cluster*, dados apresentados em formato de porcentagem."

Um modelo de *cluster* desenvolvido conta com elevado número de negócios similares, os quais estão correlacionados às atividades do aglomerado.

(B) Aplicação no *cluster* de essências da Sé:

Para este fundamento foi questionado a respeito de novos modelos de negócios viáveis e relevantes para o *cluster*, sendo atribuída uma nota 3,42 (demonstrando que os comerciantes locais acham importante o surgimento de novos negócios ligados à comercialização de essências para o local).

Tabela 1 – Abrangência de negócios viáveis e relevantes

Atividades comerciais	Número de empresas	%
Essências	7	20,00
Essências e embalagens	23	65,72
Embalagens	5	14,28
Total	**Lojas na Região**	**100%**

Fonte: Elaborado pelos autores (2015)

A tabela 1 apresenta os modelos de comércios existentes na região (atualidade) em formato de porcentagens, com seu total de 35 lojas caracterizadas (essências e embalagens) durante a pesquisa realizada.

4.3 Especialização das empresas

Este fundamento determina o grau de especialização das empresas, os modelos de *clusters* comerciais desenvolvidos possuem poucas empresas com alto nível de especialização, por vezes, possuem apenas uma única empresa com alto nível de especialização e tecnologia (ZACCARELLI *et al.*, 2008, p. 76).

(A) Métrica proposta pelo modelo Zaccarelli et al. (2008):

"Número de negócios presentes, com elevado nível de tecnologia."

Nível tecnológico das empresas que se encontram no cluster. Quanto maior o nível de tecnologia, maiores serão as probabilidades de gestão organizacional eficiente e competitiva.

(B) Aplicação no *cluster* de essências da Sé:

Para o fundamento especialização das empresas, em uma escala de 1 a 5, foi atribuída a nota 3,09 (demonstrando que os gestores e proprietários possuem basicamente as mesmas tecnologias para gerar competitividade em seus modelos de negócios), com traços de aperfeiçoamento e eficiência organizacional.

4.4 Equilíbrio com ausência de posições privilegiadas

Este fundamento consiste em quantidades de empresas fornecedoras de um mesmo produto, porém, sem posições privilegiadas, o que garante a competitividade e o elevado nível de competência operacional entre as empresas participantes do aglomerado (ZACCARELLI *et al.*, 2008, p. 76).

(A) Métrica proposta pelo modelo Zaccarelli et al. (2008):

"Número de negócios representados pelas mesmas operações ou setores de atuação."

Quantidade perceptível de negócios com o mesmo segmento (atividade-fim), garantindo a competitividade do *cluster*.

(B) Aplicação no *cluster* de essências da Sé:

De acordo com a percepção dos gestores e proprietários de lojas concentrados no *cluster foco* da pesquisa, a nota atribuída para este fundamento consiste em 4,28 (evidenciando que as empresas localizadas na região não dispõem de posições privilegiadas – o que garante o fator competitividade no aglomerado).

4.5 Complementaridade por utilização de subprodutos

Os subprodutos surgem como alternativa de redução de custos (reciclagem) e recuperação de receitas, surgindo com maior intensidade em empresas localizadas em *clusters*, viabilizando as operações do aglomerado e reforçando a sua vantagem (ZACCARELLI *et al.*, 2008, p. 77).

(A) Métrica proposta pelo modelo Zaccarelli et al. (2008):

"Empresas operando com sistema de reciclagem e aproveitamento de subprodutos."

Os aglomerados possuem preocupações ambientais, as empresas participantes do *cluster* podem fazer o reaproveitamento de produtos com práticas de comercialização, auferindo receitas e minimizando custos. Desta forma, também se criam possibilidades de novos modelos de negócios voltados para as práticas sustentáveis (reforçando o *cluster*), como, por exemplo, empresas de coleta específica e operações de reaproveitamento de materiais.

(B) Aplicação no *cluster* de essências da Sé*:*

Para o fundamento complementaridade por utilização de subprodutos, a nota atribuída corresponde a 2,90 (sendo classificada como pouco importante frente a lojistas e gestores). Segundo os mesmos existem poucos recursos para reaproveitamento, destacando a comercialização de embalagens (papelão e plástico) para revenda e geração de receitas adicionais.

4.6 Cooperação entre empresas

Cooperação que ocorre entre as empresas do aglomerado, porém, esta cooperação ocorre de forma espontânea, sem interferência de gestores e associações que a deliberam. Seus efeitos são positivos e trazem vantagens para o agrupamento. Sem a cooperação o *cluster* pode ser prejudicado (uma desvantagem perceptível) (ZACCARELLI *et al.*, 2008, p. 77).

(A) Métrica proposta pelo modelo Zaccarelli *et al.* (2008):

"Média de níveis de colaboração identificados entre os atores inclusos ao *cluster*."

Nível de colaboração perceptível no aglomerado. A colaboração surge de forma espontânea, ou planejada, requerendo em alguns casos de princípios de governança (agente supraempresa).

(B) Aplicação no *cluster* de essências da Sé:

O nível de cooperação existente no modelo de aglomerado corresponde *à* nota 1,76 (sendo interpretada como sem importância para os atores que compõem o *cluster*). Nota-se uma inexistência de cooperação, com seus lojistas trabalhando em plena individualidade e esforços para competitividade entre lojas.

4.7 Substituição seletiva de negócios

Introdução de novas empresas no agrupamento e encerramento de antigas empresas em função das novas. Contudo, as diferenças devido à introdução de novas tecnologias e novos processos são rapidamente copiadas devido à alta proximidade e condições de competitividade (ZACCARELLI *et al.*, 2008, p. 78).

(A) Métrica proposta pelo modelo Zaccarelli *et al.* (2008):

"Porcentagens perceptíveis de encerramento de empresas, e de empresas novas (novos entrantes ao *cluster*, em %)."

Mudanças de negócios devido à alta competitividade no *cluster* e permanência de negócios antigos, sendo enfatizado pelas Forças de Porter como rivalidade entre os concorrentes e novos entrantes frente o processo de aglomeração.

(B) Aplicação no *cluster* de essências da Sé:

Para o fundamento número 7 (sete) serão expostas as interpretações por meio da tabela 2, evidenciando que na percepção dos gestores e lojistas pesquisados houve pouca mudança de concorrentes correspondente a 33,33% das respostas colhidas, sendo que 42,86 dos pesquisados não souberam responder a questão, constituída pelo número de 21 amostras de um total de 35 lojas encontradas no modelo de aglomerado comercial.

Tabela 2 – Percepção dos lojistas quanto à substituição de novos negócios

Percepção de Mudança	Muito %	Pouco %	Não mudaram %	Não sabem responder %
Houve mudança de concorrente		33,33	23,81	42,86
A mudança de concorrente afetou o negócio		28,57	28,57	42,86

Fonte: Elaborado pelos autores (2015) com base no modelo de AGUIAR, PEREIRA e DONAIRE (2014)

Ainda de acordo com a tabela 2 é possível observar que não há registro dc porccntagcns para a pcrccpção dc nome (muito), caracterizando que as mudanças de comerciantes não ocorrem com certa facilidade, o que demonstra a viabilidade em manter atividade comercial no local.

4.8 Uniformidade de nível tecnológico

Nível de tecnologia utilizado e disponível entre as empresas do *cluster*. Não convém para um modelo de *cluster* ter empresas operando com alto nível de tecnologia, sendo que as demais empresas do aglomerado possuem tecnologias maduras (ZACCARELLI *et al.*, 2008, p. 78).

(A) Métrica proposta pelo modelo Zaccarelli *et al.* (2008):

"Presença de tecnologias introduzidas ao *cluster*, recursos tecnológicos existentes no *cluster* (%)."

Empresas operando com nível tecnológico uniforme, basicamente todas as empresas dispondo das mesmas tecnologias.

(B) Aplicação no *cluster* de essências da Sé:

Para o fundamento uniformidade de nível tecnológico percebido entre os comércios localizados no *cluster* a nota média atribuída corresponde a 2,66 (sendo interpretada como pouco importante). Percebe-se que os gestores desconhecem a importância de uma uniformidade tecnológica, sendo atribuído pelos mesmos como tecnologia o uso de computadores e equipamentos para uso de cartões em seus modelos de comércios.

4.9 Cultura da comunidade adaptada ao *cluster*

Este fundamento diz respeito ao comportamento social e cultural da região ao qual o *cluster* está inserido, ou seja, a região respira as atividades do aglomerado, a cultura do local está ligada às características do *cluster* (ZACCARELLI *et al.*, 2008, p. 79).

(A) Métrica proposta pelo modelo Zaccarelli *et al.* (2008):

"Cultura do local adaptada ao *cluster*, empresas e trabalhador adaptados ao território e suas práticas comerciais (circulação de pessoas, similaridade de produtos, faturamento)."

Comunidade local já adaptada ao *cluster*, cultura local adaptada ao modelo de *cluster*, identidade local perceptível à presença do *cluster* (território marcado pelas atividades desempenhadas pelo aglomerado).

(B) Aplicação no *cluster* de essências da Sé:

A história do bairro da Sé está diretamente ligada à história da cidade de São Paulo, originalmente a região foi marcada por intensos conflitos de tribos indígenas, como os tamoios e os carijós. Anos mais tarde, a cidade sofreu um crescimento populacional considerável, o que permitiu um maior acesso ao bairro da região central. O bairro foi formado basicamente por imigrantes espanhóis e italianos, que vinham de outras regiões para trabalhar nas tradicionais plantações de café da cidade paulistana, dando origem a um processo de urbanização na data de 1880 (Prefeitura do município de São Pulo, 2015).

A partir do século XIX a cidade de São Paulo dá origem a um processo de transformação e melhorias como: canalização de água, iluminação, calçamento e alargamento das vias públicas. Nesse período, o largo da Sé, reconhecido devido a sua identidade religiosa, é reformado para adequar-se aos novos tempos e à atual dinâmica da cidade. As áreas comerciais e empresariais concentradas no bairro contribuem para a economia da cidade, tornando-a uma das maiores do mundo, com traços de diversificação comercial e cultural (Prefeitura do município de São Pulo, 2015).

Para o fundamento cultura da comunidade adaptada ao *cluster*, a média em uma escala de 1 a 5 foi atribuída em 4,23 (demonstrando que para os comerciantes locais a cultura do bairro da Sé possui elevado grau de importância para as suas operações comerciais). Abaixo segue tabela 3 com dados referentes ao bairro da Sé – Centro de São Paulo.

Tabela 3 – Números da Sé

Descrição	Dados
Área (km^2)	2,10
População	23.651
Densidade Demográfica (Hab/km^2)	11,262

Fonte: Elaborada pelos autores a partir da Subprefeitura da Sé – São Paulo (2015)

4.10 Caráter evolucionário por introdução de tecnologias

Este fundamento está baseado na criação de uma entidade caracterizada como governança, també*m denominado como agente supra*empresa, a governança esta à frente dos interesses dos atores inseridos no *cluster*.

> A vitalidade de um *cluster* de negócios nesse estágio está condicionada a capacidade de introdução de novas tecnologias por todas as empresas do agrupamento, porém, há que se reconhecer que esse fundamento não é natural, simples ou fácil, sendo que a tendência à auto-organização se constituirá numa força antagônica permanente (ZACCARELLI *et al.*, 2008, p.81).

A governança se torna responsável por administrar os interesses do *cluster*, deste modo, garantindo a sua vitalidade e competitividade sem comprometer a divisão de lucros, o que levaria a um processo de *desclusterização*.

(A) Métrica proposta pelo modelo Zaccarelli *et al.* (2008):

"Indicador qualitativo baseado em vantagens perceptíveis com a introdução de novas tecnologias ao modelo de *cluster* (inovação)."

Situação do *cluster* quando relacionado à sua condição tecnológica, novas tecnologias surgindo por meio de governança (necessidade de auto-organização do *cluster*, geralmente feita por seus atores internos, e/ou associações comerciais e de lojistas locais).

(B) Aplicação no *cluster* de essências da Sé:

Para este fundamento a média atribuída consiste em 1,94, caracterizando que o aglomerado não dispõe de ações de governança local, com os comerciantes trabalhando de acordo com os seus interesses individuais.

4.11 Estratégia de resultado orientada para o *cluster*

Zaccarelli *et al.* (2008, p.81) descrevem que este fundamento está baseado em "presença efetiva e deliberada de orientações para a ação e decisão das empresas participantes do agrupamento." Neste caso, a ação orientada por um agente supraempresa garante a competitividade e melhora a atratividade do *cluster*.

(A) Métrica proposta pelo modelo Zaccarelli *et al.* (2008):

"Ação direta de governança (agente supraempresa) orientada ao *cluster* com melhoras perceptíveis ao aglomerado e ao seu entorno territorial."

Orientações do corpo empresarial que compõe o aglomerado, melhorando seus aspectos internos por meio de infraestruturas físicas e gestão governamental.

(B) Aplicação no *cluster* de essências da Sé:

De acordo com o fundamento estratégia de resultado orientado para o *cluster* a nota atribuída foi 2,38 (pouco importante) com poucas ações sendo desenvolvidas para as melhorias locais (sem presença deliberada de um agente supraempresa).

CONSIDERAÇÕES FINAIS

O presente artigo teve como objetivo primário identificar a existência de um modelo de *cluster* comercial (essências) localizado no bairro da Sé – região central de São Paulo. A pesquisa consiste em um estudo de caráter exploratório e qualitativo verificando operacionalmente as métricas desenvolvidas por Zaccarelli *et al.* (2008) aplicadas ao *cluster* comercial de essências. Estar localizado em um modelo de *cluster* traz vantagens para os comerciantes, criando diferencias de competitividade e possibilitando vantagens econômicas para o território no qual o *cluster* está inserido como: valorização territorial e desenvolvimento de infraestruturas.

Segue como objetivo secundário avaliar a sua competitividade (vantagem competitiva) percebida entre os atores (comerciantes) inseridos no local. Assim, estar localizado em um modelo de *cluster* já pode ser classificado como uma vantagem competitiva, tendo em vista que, atuar comercialmente de forma isolada, as vantagens se perderiam quando confrontadas com o potencial de fluxo de pessoas, cooperação e cultura local.

Os principais resultados encontrados na pesquisa foram os seguintes: i) concentração geográfica; ii) abrangência de novos negócios viáveis e relevantes ao *cluster*; iii) especialização das empresas; iv) equilíbrio com ausência de posições privilegiadas e v) cultura da comunidade adaptada ao *cluster*. Tais resultados criam vantagens para os comerciantes locais inseridos no aglomerado, com nítidas vantagens de localização.

Como aspectos de vantagem competitiva seguem as seguintes informações: baixo volume de complementaridade por utilização de subprodutos e ausência de cooperação entre os atores do *cluster*. Também ficou evidenciada a inexistência de um agente supraempresa (governança) para orientar de forma deliberada e trazer melhorias para o *cluster*. Pode-se concluir que na região da Sé – centro de São Paulo se configura um modelo de *cluster* comercial com suas atividades voltadas para a comercialização de essências, embalagens e seus produtos correlatos, contudo, o *cluster* ainda requer de um maior desenvolvimento e processos de interação conjunta entre seus atores.

Esta pesquisa deve reconhecer que seus resultados não podem ser direcionados para outros modelos de *clusters* comerciais, havendo a necessidade de se mensurar as métricas propostas por Zaccarelli *et al.* (2008) novamente. Sendo assim, a pesquisa abre possibilidades para que seus estudos sejam replicados e que futuras avaliações sejam refeitas, deste modo, comprovando as métricas propostas por Zaccarelli *et al.* (2008) por meio de contínuos estudos, a fim de buscar contínuas contribuições para a teoria.

REFERÊNCIAS

AGUIAR, Helder de Souza; PEREIRA, Cristina Espinheira Costa; DONAIRE, Denis. Polo varejista do bom retiro: *cluster* de negócios da moda. **SIMPOI**, p.1-16, 2014.

BARNEY, Jay B; HESTERLY, William S. **Administração estratégica e vantagem competitiva**. 3.ed. São Paulo: Pearson Prentice Hall, 2011.

BRUSCO, Sebastiano; CAINELLI, Giulio; FORNI, Fabrizia; FRANCHI, Maura; MALUSARDI, Alberto; RIGHETTI, Roberto. ***The evolution of industrial districts in Emilia-Romagna***. *Geneva, ILO/IILS*, 1996.

DONAIRE, Denis; GASPAR, Marco Antonio; SILVA, Rosângela Sarmento; FITTIPALDI, Marco Aurélio Sanches. Competitividade de clusters comerciais: estudo sobre uma aglomeração de pequenas lojas de veículos no município de São Paulo. **Revista da Micro e Pequena Empresa – Faccamp**. v.7, n.3, p.64-78, São Paulo, 2013.

GASPAR, Marcos Antonio; SILVA, Rosangela Sarmento; ZUCHINI, Vinícius Dantino; RENZO, Gabriel; SOUZA, João Vitor Murari. Análise das Vantagens Competitivas de Um Cluster Comercial Varejista: Estudo de Caso da rua Jurubatuba. **XVII SEMEAD**, p. 1-13, out. 2014.

GIL, Antonio Carlos. **Como elaborar projetos de pesquisa**. 5.ed. São Paulo: Atlas, 2010.

KLINK, Jereon Johannes. O novo regionalismo a maneira do ABC: em busca de uma economia regional de aprendizagem. **Cadernos de Pesquisa**. v. 2, n. 8, p. 1 – 7, mar. 2003. Disponível em: <http://www.cebrap.org.br/v2/app/webroot/files/upload/biblioteca_virtual/o_novo_regionalismo_a_maneira_do_abc.pdf>. Acesso em: 07 jul. 2014.

SABÓIA, João. Descentralização industrial no Brasil na década de 90: um processo dinâmico e diferenciado regionalmente. **Nova Economia**, v.11, n.2, p. 85-122, dez. 2001.

LLORENS, Francisco Albuquerque. **Desenvolvimento econômico local**. 1.ed. Rio de Janeiro: BNDES, 2001.

MARSHALL, Alfred. **Princípios de economia**. São Paulo: Abril Cultural, 1982.

PEREIRA, José Matias. **Manual de metodologia da pesquisa científica**. 2.ed. São Paulo: Atlas, 2010.

PEREIRA, Cristina Espinheira Costa; POLO, Edison Fernandes; SARTURI, Greici. Proposição de Métricas para Avaliação da Competitividade em Clusters: uma aplicação no grupamento têxtil e de confecções do Brás. **ANPAD, VI Encontro de Estudos em Estratégias**. p. 1-16, Bento Gonçalves – R.S, maio 2013.

PORTER, Michael. **A vantagem competitiva das nações**. 7.ed. Rio de Janeiro: Campus, 1989.

_______. *Clusters and the New Economics of Competition.* ***Harvard Business Review***. p. 75 – 90. Nov./dez. 1998.

Prefeitura Municipal de São Paulo. **Secretaria Municipal de Coordenação das Subprefeituras – Subprefeitura da Sé**. Disponível em: <http://www.prefeitura.sp.gov.br/cidade/secretarias/subprefeituras/se/noticias/?p=44887.> Acesso em: 09 jul. 2015.

SEBRAE. Subsídios para identificação de Clusters no Brasil. **Relatório de pesquisa**. São Paulo, p. 53, ago. 2002.

SCHUMPETER, Joseph Alois. **Teoria do desenvolvimento econômico**. São Paulo: Nova Cultura, 1964.

SCHMITZ, H. *Collective efficiency: growth path for small-scale industry. Journal of Development Studies*, 31 (4), 529-566, 1995.

SIQUEIRA, João Paulo Lara; GUIMARÃES, Carlos Inácio Maradei; DONAIRE, Denis; RIMONATO, Irene Pereira de Oliveira; CARELLI, Teresinha de Jesus. Clusters Comerciais: Uma Realidade Estratégica no Varejo. **CLAV – 3º Congresso Latino-Americano de Varejo, Fundação Getúlio Vargas**, p. 16, São Paulo, 2010.

TRIVIÑOS, Augusto Nibaldo Silva. **Introdução à pesquisa em ciências sociais:** a pesquisa qualitativa em educação. São Paulo: Atlas, 1987.

ZACCARELLI, Sergio Baptista; TELLES, Renato; SIQUEIRA, João Paulo Lara; BOAVENTURA, João Mauricio Gama; DONAIRE, Denis. **Clusters e redes de negócios:** uma nova visão para a gestão dos negócios. São Paulo: Atlas, 2008.

REFERÊNCIAS

ABNT. Associação Brasileira de Normas Técnicas. **NBR14724**. Informação e documentação: trabalhos acadêmicos: apresentação. Rio de Janeiro: 2001.

ABNT. Associação Brasileira de Normas Técnicas. **NBR6023**. Informação e documentação: referências – elaboração. Rio de Janeiro: 2002.

ALTHEMAN, Edman; CAMPOS, Gisleine Coelho. Cooperação universidade-empresa: panorama, empecilhos e proposta para uma universidade ativa e empreendedora. **Congresso Brasileiro de Ensino de Engenharia – COBENGE**, Brasília, p.1-11, set. 2004.

BARDIN, Laurence. **Análise de conteúdo**. São Paulo: Edições 70, 2011.

CERVO, Amado Luiz; BERVIAN, Pedro Aleino; SILVA, Roberto. **Metodologia científica**. 6.ed. São Paulo: Pearson Prentice Hall, 2007.

COSTA, Esdras da Silva. **Cooperação universidade-empresa:** um estudo sobre as relações entre IES e empresas da região do grande ABC. São Caetano do Sul, Universidade Municipal de São Caetano do Sul – USCS, Programa de Pós-Graduação em Administração – PPGA, 2016. Disponível em: < http://repositorio.uscs.edu.br/bitstream/123456789/925/2/DISSERTACAO_Esdras%20da%20Silva%20Costa.pdf>. Acesso em: 14 dez. 2016.

FARINA, Milton Carlos; COSTA, Esdras da Silva; COSTA, Rogério Sarkis. Os efeitos da competitividade em modelos de *clusters* comerciais: pesquisa exploratória acerca do *cluster* de ess**ências localizado no bairro da Sé – São P**aulo. **XVIII SEMEAD – FEA/USP**, novembro, p. 1-17, 2015. Disponível em: <http://sistema.semead.com.br/18semead/resultado/trabalhosPDF/732.pdf>. Acesso em: 06 dez. 2016.

FGV-EBAPE, **Fundação Getúlio Vargas, Escola Brasileira de Administração Pública e de Empresas**. Disponível em: <http://ebape.fgv.br/publicacoes/rap>. Acesso em: 13 dez. 2016.

FONSECA, João José Saraiva. **Metodologia da pesquisa científica**. Fortaleza: UEC, 2002. Apostila.

GIL, Antonio Carlos. **Métodos e técnicas de pesquisa social**. 2.ed. São Paulo: Atlas, 1989.

______. **Como elaborar projetos de pesquisa**. 5.ed. São Paulo: Atlas, 2010.

G&R, **Revista Gestão & Regionalidade**. Disponível em: < http://seer.uscs.edu.br/index.php/revista_gestao/>. Acesso em: 13 dez. 2016.

HERMES, **Revista Científica Hermes – FIPEN**. Disponível em: <http://www.fipen.edu.br/hermes1/index.php/hermes1/index>. Acesso em: 13 dez. 2016.

IBGE. Instituto Brasileiro de Geografia e Estatística. **Normas de apresentação tabular**. Rio de Janeiro, 1993. Disponível em: < http://biblioteca.ibge.gov.br/visualizacao/livros/liv23907.pdf>.

Acesso em: 17 nov. 2016.

LALL, Sanjaya. A mudança tecnológica e a industrialização nas economias de industrialização recente da Ásia. *In*: KIM, L.; NELSON, R.(Org.). **Tecnologia, aprendizado e inovação:** as experiências das economias de industrialização recente. Campinas: Editora Unicamp, 2005.

MARTINS, Gilberto de Andrade; THEÓPHILO, Carlos Renato, **Metodologia da investigação científica para ciências sociais aplicadas.** 2.ed. São Paulo: Atlas, 2009.

PEREIRA, José Matias. **Manual de metodologia da pesquisa científica**. 2.ed. São Paulo: Atlas, 2010.

RAE, **Revista de Administração de Empresas**. Disponível em: <http://rae.fgv.br/rae>. Acesso em: 13 dez. 2016.

RAM, **Revista de Administração Mackenzie**. Disponível em: <http://mackenzie.br/revista_admi.html>. Acesso em: 13 dez. 2016.

RAUSP – **Revista de Administração da USP**. Disponível em: <http://rausp.usp.br/pt-br/>. Acesso em: 13 dez. 2016.

REBRAE, **Revista Brasileira de Estratégia**. Disponível em: <http://www2.pucpr.br/reol/pb/index.php/rebrae?dd99=about>. Acesso em: 13 dez. 2016.

REGE – **Revista de Gestão**. Disponível em: <http://www.regeusp.com.br/>. Acesso em: 13 dez. 2016.

Revista Espacios. Disponível em: <http://www.revistaespacios.com/>. Acesso em: 13 dez. 2016.

STRAUSS, Anselm; CORBIN, Juliet. **Pesquisa qualitativa:** técnicas e procedimentos para o desenvolvimento de teoria fundamentada. 2.ed. Porto Alegre: Artmed, 2008.

TRIVIÑOS, Augusto Nibaldo Silva. **Introdução** à **pesquisa em ciências sociais:** a pesquisa qualitativa em educação. São Paulo: Atlas, 1987.

Impressão e acabamento
Gráfica da Editora Ciência Moderna Ltda.
Tel: (21) 2201-6662